高校英语专业课程体系构建与教学改革研究

徐丽丽 著

中国书籍出版社
China Book Press

图书在版编目(CIP)数据

高校英语专业课程体系构建与教学改革研究 / 徐丽丽著 . -- 北京：中国书籍出版社, 2021.8

ISBN 978-7-5068-8674-1

Ⅰ.①高… Ⅱ.①徐… Ⅲ.①英语－教学研究－高等学校 Ⅳ.① H319.3

中国版本图书馆 CIP 数据核字（2021）第 181434 号

高校英语专业课程体系构建与教学改革研究

徐丽丽　著

丛书策划	谭　鹏　武　斌
责任编辑	李　新
责任印制	孙马飞　马　芝
封面设计	东方美迪
出版发行	中国书籍出版社
地　　址	北京市丰台区三路居路 97 号（邮编：100073）
电　　话	（010）52257143（总编室）　（010）52257140（发行部）
电子邮箱	eo@chinabp.com.cn
经　　销	全国新华书店
印　　厂	三河市德贤弘印务有限公司
开　　本	710 毫米 ×1000 毫米　1/16
字　　数	168 千字
印　　张	12
版　　次	2023 年 1 月第 1 版
印　　次	2023 年 1 月第 1 次印刷
书　　号	ISBN 978-7-5068-8674-1
定　　价	72.00 元

版权所有　翻印必究

目 录

第一章 绪 论 ……………………………………………………… 1
  第一节 英语专业课程分析 …………………………………… 1
  第二节 英语专业课程研究的意义与对象 …………………… 12
  第三节 大学英语专业课程的价值探析 ……………………… 16

第二章 高校英语专业课程学习策略探索 …………………………… 20
  第一节 语言学习策略及其需求分析 ………………………… 20
  第二节 影响语言学习策略运用的因素 ……………………… 28

第三章 高校英语专业课程教学内容的构建 ………………………… 36
  第一节 高校英语专业基础知识教学内容的构建 …………… 36
  第二节 高校英语专业基本技能教学内容的构建 …………… 44

第四章 高校英语专业课程教学方法的探索 ………………………… 63
  第一节 高校英语专业课程常见的教学方法 ………………… 63
  第二节 高校英语专业课程教学方法的创新 ………………… 79

第五章 高校英语专业课程教学的文化转型探索 …………………… 87
  第一节 高校英语文化教学分析 ……………………………… 87
  第二节 高校英语文化教学的创新 …………………………… 102

第六章 高校英语专业课程教学的网络渗透探索 …………………… 111
  第一节 高校英语网络教学分析 ……………………………… 111
  第二节 高校英语网络教学的创新 …………………………… 124

第七章 高校英语专业课程师资力量的培养 ………………………… 134
  第一节 高校英语专业课程教师的能力现状 ………………… 134
  第二节 高校英语专业课程教师的能力提升路径 …………… 137

第八章 高校英语专业课程评价的创新探索……………………… 153
 第一节 高校英语专业课程评价简述……………………… 153
 第二节 高校英语专业课程评价的创新……………………… 160
参考文献……………………………………………………………… 179

第一章 绪 论

英语学科作为一门综合性的学科,在高等教育中占有很重要的地位,它既是语言工具性学科,也是一门文化学科,受语言学、心理学、教育学、社会学、人类学等多种学科观点的支撑与滋养。通过英语学科的教学,能够促进学生的全面发展。在传统上,我国一般将英语学科性质定位在语言工具性学科,窄化了该门学科的性质与功能。随着我国教育改革的推进,人们对英语学科的性质与功能有了较为丰富多元的认识,认为英语学科既有工具性价值,也有人文养成性价值。本章主要分析英语专业课程及其研究的意义与对象,并对大学英语专科课程的价值进行探析。

第一节 英语专业课程分析

一、英语专业课程体系中的高级英语

在英语专业课程体系当中,高级英语(Advanced English)是高年级阶段开设的一门具有精读性质的综合性语言技能类核心课程,是继一、二年级基础英语教学阶段之后开设的具有提高、扩展、深化及细化教学特点的专业技能及综合素质发展课程。

教育部制定的《高等学校英语专业教学大纲》对高级英语这门课程有这样一段陈述说明:"高级英语是一门训练学生综合英语技能尤其是阅读理解、语法修辞与写作能力的课程。课程通过阅读和分析内容广泛的材料,包括涉及政治、经济、语言、文学、教

育、哲学等方面的名家作品,扩大学生对名篇的分析和欣赏能力、逻辑思维与独立思考的能力,巩固和提高学生的英语语言技能。每课都应配有大量的相关练习,包括阅读理解、词汇研究、问题分析、中英互译和写作练习等,使学生的英语水平在质量上有较大的提高。"

在这段有关高级英语的陈述说明当中,我们可以大体上看出高级英语的教学目的和教学目标,但是尚有必要进行更加细致深入的解说阐释,尤其在宏观理念路向和微观操作细节方面。

同基础阶段的语言技能课相比,高级英语教学在语言难度、课文篇幅、信息处理、文化内涵、篇章类型、文体特色、背景知识、篇章写作技巧、课文多层赏析、认知能力发展等诸多环节上面临着更加丰富多样,更具挑战性的教学任务。但就高级英语课文本身而言,便可分为理解、欣赏和阐释评论等不同层次,在语言的字面意义、言外之意、修辞意义、语篇意义、主题意义,作者的写作技巧,课文的信息结构及思想意蕴,微妙的语气变化及整件态度基调等方面需要进行更加深入细致的体味观察。这既是由高级英语课文本身的语言特点、思想内涵、篇幅长度及语篇特点所致,也是高级英语总体教学目标的基本要求。各种不同版本的高级英语教材在前言部分往往明确陈述教材编写者所遵循的编写原则,或者预期达到的教学目的及教学目标。通过参考对比数种版本高级英语教材的前言陈述,可以对高级英语的教学目的及教学目标有个比较系统全面的理解认识。[①]

上海复旦大学版的《高级英语》教材在前言部分把高级英语教材的教学目的归纳为四个方面。它们依次是:

(1)通过预习、复习巩固等环节,培养学生自学英语的能力。

(2)引导学生注意吸收语言材料,扩大文化知识面,特别是有关英美的文化知识。

(3)通过对文章的思想内容、篇章结构、语言技巧的分析,提

---

① 杨献军,陈叔力.高级英语教学研究[M].哈尔滨:哈尔滨地图出版社,2008:7—10.

第一章 绪 论

高学生对文章的理解、分析及评述的能力。

（4）继续打好语言基本功,培养熟练技巧,努力发展学生综合运用英语的能力。

以上四个方面的归纳总结从学习能力培养,语言学习和综合运用,文化知识学习,对文章的理解、分析及评述能力的提高等方面概述了高级英语教材的主要教学目的。其中第三点关涉对课文思想内容、篇章结构以及语言技巧的分析,从大处着眼,既重视微观语言分析,又强调宏观思想内容和篇章结构分析,把培养学生对课文的理解、分析及评述能力列为重要的教学目的。分析评述能力是语言交际的思想意义生成的源头,是提高学生英语语言交际档次和价值的重要保证。提高学生的分析评述能力,就是发展学生的逻辑思维能力和一般认知能力,这是学生在心智方面获得可持续发展的重要保证,也是学生在更高层次上综合运用英语的智力前提。

上海外国语大学李观仪教授主编的《新编英语教程》第七、八册教材的前言部分在对教材的编写原则进行阐述说明时,列举出如下五方面内容。

（1）采用启发式教学模式,引导学生独立工作、独立思考,培养学生的逻辑思维能力。

（2）选材范围广泛,以扩大学生的文化知识面并使学生熟稔不同的文体。

（3）编写大量语言练习,以巩固和扩大学生的语言知识,继续打好语言基本功。

（4）编写不同类型的练习,以培养综合英语技能。

（5）在有限的篇幅中,给予较大的语言输入量,以保证学生有充分的语言输入量。

以上教材编写原则分别强调高级英语教学在认知、文化、语言和交际技能等层面所应遵循的宏观和微观操作路向,把高级英语教学建立在扎实宽厚、系统科学的教材编写理念上。

由肖肃、杨志亭和刘玉梅编写的《新编高级英语教程》（国防工业出版社,北京,2007)在课文编排体例上进行了新的尝试。全书共分六个部分,每部分围绕特定专题内容安排六篇课文。第一部分至第六部分的专题内容分别是 Science and Technology, Emotion and Life, Famous Speeches, Language and Education, Literature Gallery 以及 Youth and Society。《新编高级英语教程》编写者在前言部分对教材第一部分和第六部分课文(内容涉及当前科学技术领域的热门话题)选编意图和教学目的有着如下陈述:"通过学习一个世纪以来的有关重大发明和发现的材料,学习者不仅可以获取科普知识、习得相关科技词汇以及掌握科普文章的阅读技巧与方法,而且能够引发学习者对网络犯罪、宇宙与人、科技进步与社会发展等问题的思考,提高人文素养。例如,第六部分围绕青年与社会这个主题,对不同时代的青年人流行文化、自我意识、人际关系、性格塑造、伦理道德等问题进行了深入的探讨,揭示了问题的根源、所引发的结果和对社会的影响。"

第二部分 Emotion and Life 选材包括富有生活趣味的个人体会及富有哲理的人生感悟。一方面生活琐事中的体会易于引起学习者在阅读中产生共鸣,反思自己的人生及情感体验,提高对人生的感性认识。另一方面,哲理性的人生感悟能引导学习者从一个比较广阔的视野和角度来反观生活琐事、审视情感与人生,从而提高对人生的理性认识。

从以上几种版本高级英语的教学目标可以看出,英语专业技能训练和综合素质发展已成为共同的教育教学追求。以较强的逻辑思维能力、广博的文化知识以及正确高尚的价值观念、健康优雅的审美情趣为主要标志的综合素质发展,既是学生全面发展的基本前提,也是英语语言技能向着更高层次提升的丰厚基础和有力促进因素。高级英语课文语言表达细致生动,手法多样,思想内容丰富深刻,题材广泛,英语语言文化特色更加突出,整体学习难度加大,对学生的英语基础和综合文化素质要求更高。单一的语言教学无法保证高级英语课文的有效教学。只有采取课文语言教学同课文思想内容教学相结合,语言技能发展同综合素质

第一章 绪 论

提升相结合的教学策略,才能最大限度地发挥高级英语课文所具有的多方面教育教学价值。

毕竟,高级英语之"高"不仅仅表现在语言运用上,也经常表现在思想内容和文化内涵上。因此,对于学生而言,高级英语课文的成功学习必须伴随着思想心智的同步成熟发展,以及文化知识面的同步拓展丰富,乃至汉语语言文化水平的同步提高,否则要想透彻理解课文思想主旨,细致品味课文内在意蕴,将会遇到文化素养以及心理心智等方面认知资源缺乏的问题。对于高级英语任课教师而言,在精细讲解课文语言,清晰揭示课文写作手法的基础上对课文思想内容进行多层面剖析阐发,不仅有助于学生深刻理解课文内容,促进语言学习,而且还有助于加快学生的心理成熟,间接增长学生的人生社会阅历,为今后的深入学习奠定良好的综合素质基础。

对于当下历史新时期新型英语人才培养而言,上述教学策略和教学措施有利于建构符合时代要求的认知结构、情感价值结构以及心理结构,为高素质英语人才的培养创造良好的教育教学环境。总而言之,高级英语课程性质、课程教学目的和教学目标既有体现高级阶段语言学习内部规律、内部要求的一面,也有体现人的全面发展和当下社会人才培养标准的一面。亦即学科规律、学生需要和社会需求是我们理解高级英语课程性质、教学目的和教学目标的三大参照因素。

二、高级英语课文的普遍性特征

高级英语课程在英语专业的高年级课程体系当中占有非常显要的核心位置。可以毫不夸张地说,在英语专业高年级课程教学体系中,高级英语课程教学水平、教学质量的高低直接影响到高年级学生综合素质及英语专业素质/技能的进一步实质性发展和提高。这既是由高级英语教学的总体目标决定的,也是由长期以来形成的高级英语教学课文普遍性特征而具体形成的强大影响力所决定的。由于课文内容丰富艰深,高级英语课文在语言表达和思想内容上具有较大的学习理解及掌握运用难度,远非一般以日常生活话题为内容的基础英语课文所能比肩。从语言同思想内容表述的相互关系而论,大多数情况下思想内容越是艰深复杂,就越是需要结构复杂、用词讲究、含意丰富的句子来表述、传递其非同一般的言内之意和言外之韵。所以,高级英语课文的思想内容比较艰深复杂,理解难度较大也便是情理之中了。一般而论,同基础阶段的英语课文相比,高级英语课文普遍具有如下一些典型特点。

（一）思想内容丰富深刻

风靡世界的著名英语教学经典教材《新概念英语》第四册也是为高级英语学习者编写的一本权威教材。编者 L.G. Alexander 先生在 To the Teacher 这部分导言性质的教材解说当中写道:"圆满完成《新概念英语》中级课程(第三册)的学生在开始学习高级课程(即《新概念英语》第四册)时有充分的理由感到沮丧。这其中的原因与其说是掌握的词汇量相当有限,则不如说是学生被猛然间推入一个思想观念的世界。最大的学习障碍不在语言,而在于心智成熟的程度。高级(语言)课程必然以一定程度的心智成熟和相当广博的知识面为前提,而许多学生却并不具备这些条件。"结合历年来高级英语教学的实际情况来看,Alexander 先生上述见解确实一语中的,道出了学习高级英语课程的学生普遍面临的两大难点。其实,这两大难点既是高级英语教学必须解决的教学重点,也是高级英语教学培养学生综合素质、全面提高学生认识能力发展的突破口。通过适当的学习指导和巨细有分、快慢相间的课文讲解,通过课堂讨论和互帮互学,学生就会在学习高级英语课文的过程中心智逐渐走向成熟,知识面也不断得到一次又一次的拓展。高级英语课文思想内容的丰富深刻不仅是挑战,更是机遇,它实际上为高级英语教学提供了引领学生间接接触社会、间接体验,促进心智成熟和认知能力发展的平台。通过高级英语课堂内外学习,学生不仅能向课文的各位作者学习观物析理的方法路径、积累广博的知识,并学会独立获取知识的方法,而且在同课文作者的交流对话中学会思考,学会感悟,学会欣赏。真正意义上的高级英语教学必能使学生进入一个丰富多彩的思想天地,不断开阔眼界、不断拓展思维空间,提高思维的灵敏度和穿透力,培育丰富的心灵,激起强烈的对外部世界和对人生本真之境的探索欲望。仅从这个意义上而言,高级英语教学确实是一个极具人文内涵的教学领域,值得认真研究。[①]

(二)词语运用细致入微

同思想内容丰富深刻这一典型特点相关,高级英语课文在语言运用上体现出的典型特点是语言表达细致入微,经常运用一些语义具体,描写细微,刻画生动的词语,把事物形貌和事物特点准确生动地呈现出来,不仅事物细节清晰毕现,人物形象也栩栩如生。其实从逻辑关联上来看,细致入微的语言表达也是为了满足表现丰富深刻的思想内容的需要。词义笼统宽泛的语言不利于揭示和展现事物的细微特征,也不利于把逻辑思辨和问题探讨引向深入。实际上,语言表达的细致入微从一个侧面体现了文章作者观察事物、分析事物的细致入微。细致入微的语言表达必然要以细致入微的观察分析为认知基础。有研究表明,掌握大量丰富的词汇有助于提高观察事物和分析事物的精细程度,有助于提高整体思维质量。因此,高级英语课文中随处可见的细致入微的语言表达不仅具有语言技能教学意义,更具有智力开发意义。张汉熙主编版《高级英语》第一册第12课课文 *The Loons*(《潜水鸟》)中的环境景物描写运用了许多词义细微具体的名词、动词和形容词,湖光山色、花草树木、形貌质地、气味声音,等等,无不生动毕现,给人留下深刻印象。类似的高级英语课文片段,不仅展示了

[①] 杨献军,陈叔力.高级英语教学研究[M].哈尔滨:哈尔滨地图出版社,2008:10-11.

作者的高超语言表达技能,更展示了作者的敏锐观察能力。在以生态环境保护为主题的第三课课文 Ships in the Desert(《沙漠之舟》)当中,也运用了许多语义细微具体的词语,非常生动地描写揭示了生态环境遭到破坏的种种景象,深刻地探究了这种种景象背后的人为成因和本质寓意,富有建设性地提出了人类在解决生态环境危机方面所应持有的新观念、新立场。总而言之,高级英语课文因其思想内容的表现需要,经常选用一些多类语义具体细微的词语(形容词、动词、名词和副词),有效地展现了事物的突出特征,生动地描绘出各种场景细节,具有很强的感染力和表现力。

(三)句式结构复杂多样

英语的句式结构,如同英语的词语一样也具有很强的表现功能。由于高级英语课文信息含量大,思想内容丰富深刻,因而句子结构复杂多样,语义层次较多的长句也更加常见。例如,张汉熙主编版《高级英语》第一册第三课课文 Ships in the Desert(《沙漠之舟》)出现的下面这个句子就是一个典型的长句:

This century has witnessed dramatic changes in two key factors that define the physical reality of our relationship to the earth: a sudden and startling surge in human population with the addition of one China's worth of people every ten years, and a sudden acceleration of the scientific and technological revolution which has allowed an almost unimaginable magnification of our power to affect the world around us by burning, cutting, digging, moving and transforming the physical matter that makes up the earth.

此句总共用词81个,在课文中自成一段。此句含有两个由 that 引导的定语从句,一个由 which 引导的定语从句;一个不定式定语 to affect the world around us(修饰限定 power),一个由介词 by 引导的方式状语 by burning, cutting, digging, moving, and transforming the physical matter. 一个由介词 with 引导的程

度状语 with the addition of one China's worth of people every ten years.另外,第一行中的 dramatic changes in two key factors 也分别配置有各自的解说限定性的同位语。

显而易见,上述长句信息含量大,手法多样,结构复杂,具有较强的解说阐述功能。高级英语课文中常见的复杂多样的句式结构在有效地表达思想、传递信息的同时,还具有文体风格的生成强化功能。灵活有效地综合运用多种句式结构遣词造句、组句成篇,不仅可以极大地增强语句的表现力和感染力,而且还是文体风格形成的基础之一。

(四)生动形象的修辞比喻性语言

高级英语课文的语言无论在语音层面、词汇层面,还是在句式结构层面,均体现出更加明显的修辞比喻特点,生动形象,富有节奏感和韵律感,进一步展现出英语本身特有的语言表现力和语言魅力。头韵、半韵、拟声、明喻、暗喻、通感、拟人、夸张、对偶、对照、反复、递进、矛盾修饰法、平行结构、委婉语、转喻、提喻等各种修辞手法经常出现在高级英语课文当中,使抽象的意义实感化,空泛的东西具体化,平面的东西立体化,静态的东西动态化,无知的事物情意化,深奥的道理浅显化,隐秘的事物显露化。高级英语课文中的修辞比喻性语言特点通过名词、形容词、动词、副词等多种词类体现出来。例如,张汉熙主编版《高级英语》第一册第一课课文 *The Middle Eastern Bazaar*(《中东集市》)中的修辞比喻句有(1)It grows louder and more distinct, until you round a corner and see a fairyland of dancing flashes(名词性修辞比喻);(2)The dye-market, the pottery-market and the carpenters market lie elsewhere in the maze of vaulted streets(名词性修辞比喻)which honeycomb(动词性修辞比喻)this bazaar.

修辞比喻性语言在文学类高级英语课文中的运用频率更高,是学习英语语言精华、提高英语表达能力的绝佳语言素材。

（五）英语语言文化特点更加突出

高级英语课文大多是未经改写的原文，所以颇能体现英语语言本身特有的个性和韵味，是学习纯正英语的极佳样本。例如，高级英语课文中复杂多变、组合严密的句式结构从一个侧面体现出英语特有的思维方式。尤其是那些语义含量大、逻辑关系复杂的长句，同汉语语句相比具有明显的注重外在形式接合，注重语法关系层层严谨制约的"法治"语言的形式特点。仅从词汇和句式结构的综合运用情况来看，高级英语课文的语言表层表达方式同汉语的距离进一步拉大，无形之中也增加了课文语句和课文整体的阅读理解难度。而其背后的主要影响因素则是文化传统和文化积淀使然。同中级英语课文相比，高级英语课文蕴含、负载着更多的英语文化和综合文化信息。众所周知，语言是文化的载体，也是文化的构建传承媒介。另一方面，代代传承的文化又会对语言的运用和理解产生多层面的影响和制约。高级英语课文因其内容广泛深刻，无论在语言表层还是在文化深层，均触及英语自身不同于汉语语言文化的区别性显著特点。高级英语课文因其作者大多为英语国家人士，又经英语文化浸染较深，故其语言中的英语文化内涵比较显著，词汇语句之中常能窥见英语民族悠久的历史文化，折射出英语民族风俗人情，生活智慧和深厚的心理文化积淀。课文所言也常涉及英语国家的物质文化、制度文化、史地文化、精神文化和行为文化等方面的内容，这对于高级英语的教与学均提出了更高的要求。鉴于此，高级英语任课教师如能在授课过程中常把英语语言文化的特异之处同中国语言文化进行适当的对比讲解，必会使学生在对比当中进一步认知英汉语言文化之间的差异，增强学习的自觉性，提高关注和注意的目的性，收到扎实稳固的学习效果。另外，这对于提高学生对异域文化的敏感性，培养学生的跨文化交际意义上的对异域文化的宽容态度也很有益处。

第一章 绪 论

三、英语专业课程的理念

（一）面向全体学生

英语专业课程是教育阶段课程的重要组成部分。因此，英语专业课程要面向全体学生，帮助学生打好语言基础，为他们的终身学习和发展创造条件，并使他们具备作为21世纪公民所应具有的基本英语素养。英语专业课程应根据学生认知特点和学习发展需要，在进一步发展学生基本语言运用能力的同时，着重提高学生用英语获取信息、处理信息、分析和解决问题的能力；逐步培养学生用英语进行思维和表达的能力；为学生进一步学习和发展创造必要的条件。

（二）突出学生主体

学生的发展是英语专业课程的出发点和归宿。英语专业课程在目标设定、教学过程、课程评价和教学资源的开发等方面都突出了以学生为主体的思想。课程实施成为学生在教师指导下构建知识、提高技能、磨砺意志、活跃思维、展示个性、发展心智和拓展视野的过程。

（三）倡导体验参与

英语专业课程的设计与实施应有利于学生优化英语学习方式，使他们通过观察、体验、探究等积极主动的学习方式，充分发挥自己的学习潜能，形成有效的学习策略，提高自主学习能力。学生主动参与学习过程，体验教学情境，能够增强学生学习英语的热情和效率。

（四）关注学生情感

英语专业课程关注学生的情感，使学生在英语学习的过程中提高独立思考和判断的能力,发展与人沟通和合作的能力,增进跨文化理解和跨文化交际的能力,树立正确的人生观、世界观和价值观,增强社会责任感,全面提高人文素养。

(五)注重过程评价

在英语教学中应注重过程评价,关注培养和激发学生学习的积极性和自信心,促进学生综合运用语言能力和健康人格的发展;促进教师不断提高教育教学水平;促进英语课程的不断发展。

第二节 英语专业课程研究的意义与对象

一、英语专业课程研究的意义

(一)培养学生发现问题和解决问题的能力

研究型学习通常是围绕一个需要解决的实际问题开展的。在学习过程中,学生和教师结合课程要求和目标,共同商讨和选择课题内容。教师引导和鼓励学生自主发现和提出问题,运用他们已有的英语学科知识和经验收集资料、分析、调查、研究,设计解决问题的方案,并进行成果交流。通过一系列的学习活动,使学生在实践中学习和运用英语,培养他们发现问题和解决问题的能力。

(二)培养学生收集、分析和利用信息解决问题的能力

研究型学习是一个开放的学习过程,在学习过程中,学生为了对所提出的问题进行研究并设计解决方案,就需要围绕研究的问题主动地收集信息,并进行加工和利用。在英语研究型学习中,信息渠道众多,尤其是因特网的普及和发展,更是为其提供了大量的信息来源。学生在收集、整理和分析信息中,所接触的都是

真实的语言环境,为英语综合能力的培养提供了重要途径。通过研究型学习,可以培养学生学会利用多种有效手段,学会判断和识别信息的价值,并恰当地利用信息解决问题,从而发展收集、分析和利用信息解决问题的能力。①

（三）培养学生的合作意识与合作能力

现代社会中的现代人,合作意识与能力是必须具备的基本素质。研究型学习创设了有利于人际沟通与合作的学习环境,使学生在交流信息、分享成果的过程中,培养和发展乐于合作的团队精神。通过多种方式和不同渠道,使学生在分工与合作中学会共同生活,这种合作学习的意义已经远远超过英语语言学习本身,为学生走向社会从事工作创造了有利的条件,奠定了良好的基础。

（四）培养学生的研究与探索能力

研究型学习强调学生通过自主参与类似于科学研究的学习活动,在学习活动中亲身体验,从而激发探索创新的欲望,获得自主参与式研究的情感经历,提高研究与探索的能力。

（五）培养学生的科学态度和坚强品格

在进行研究型学习的过程中,要强调培养学生认真扎实探究、实事求是得出结论的科学态度,并培养学生形成尊重他人思维及成果的品质,养成严谨求实的科学态度和不畏困难、不断进取的精神。

二、英语专业课程研究的对象

西方国家学校设置现代外国语始于19世纪,旨在加强各国人民间的了解与交流。

---

① 沈冬梅.高中英语课程与教学研究[M].上海:上海教育出版社,2009:5-8.

《教育学名词浅释》中对外国语的解释为："外国语是学习和了解外国文化、科学、技术成果的钥匙，是国际交往不可缺少的工具。学好外国语，对于发展我国文化科学技术、建设社会主义现代化强国以及增进世界各国人民的友谊，都具有重要意义。中学外语教学的目的，是着重培养学生的阅读能力和自学第一种外国语的能力，并培养一定的听、说、写、译的能力，为毕业后在工作实践中进一步学习和运用外国语，或进入高等学校学习打好基础。"①

我国对于外国语学科的学习规定始于1902年《钦定中学堂章程》，其中，正式规定中学堂开设外国文，所习"以英文为主，法文、日文任择一种兼习。"1904年《钦定中学堂章程》中的"外国文"改称"外国语"，以日语、英语为主，兼习俄语、德语。1929年以后，小学不设外国语，初中设外国语（1940年后的几年曾为选修），高中必修外国语，均以英语为主。此后的几十年，我国中小学普遍开展外国语学习。由于英语是世界上使用最广泛的语言，因此，我国大多数地区的中小学都将英语作为外国语的学习科目。

在具体的研究对象方面，教育部于1912年12月2日发布的《中小学令施行规则》中就明确指出："外国语要旨在通解外国普通语言文字，具运用之能力，并增进智识。外国语宜授以发音拼字，渐及简易文章之读法、书法、译解、默写，讲授普通文章及文法要略、会话、作文。"

从这段描述中我们可以看出，在英语教学中，教师需要教授学生最基本的语言知识，进行听、说、读、写方面的严格训练，培养运用语言材料进行初步交际的能力，养成良好的学习语言的习惯，为进一步学习英语和流利熟练地用英语与他人交流、沟通打好基础。

英语作为一门语言教育学科，除了要研究所教的语言，即教什么的问题，也要研究学语言和教语言的方法，即如何学和如何教的问题，还要研究教学活动的主体，即学生与教师的心理问题。

---

① 资谷生著.英语专业"高级英语"课程教与学之评价[M].北京：中国书籍出版社，2016：3.

第一章 绪 论

因此,它既是一门综合学科,也是交叉学科,有很多支撑理论,特别是语言学、心理学、教育学、社会学、人类学等都对其发展有极大影响,而且也自然成为该学科研究所涉及的内容。

(一)英语学科与语言学的关系

语言学是研究语言的科学。英语教学的内容是英语,英语教学论是研究如何教授英语语言的过程。因此,语言学和英语教学论就自然有着十分密切的关联。各种语言学的知识从不同的方面和角度提高人们对语言和语言教学的认识,促进英语学科教学理论和实践的发展。

(二)英语学科与心理学的关系

心理学也是英语教学的重要理论源泉之一。心理学是研究人的心理活动规律的科学。教学活动中,教师的传授是为学生的学习服务的,教师必须了解学生的生理和心理特点,教学必须符合学生的心理活动规律。教育心理学是普通心理学的一个重要分支,它主要研究学习者、学习过程和学习情境,尤其是研究学生个体心理活动的规律对课堂教学的影响,探讨学生的思想品德、知识、技能、智慧和整体个性形成、发展的规律及特点等。[1]

(三)英语学科与教育学的关系

教育学中的教学论研究一般的教学原则与方法,如思想性、科学性、系统性、巩固性等教学原则,启发式、归纳式、演绎式以及讲解练习、复习等具体教学方法等,这些教学原则与方法对英语教学都具有指导意义。英语教学是教育教学论在英语教学中的实际运用和发展。

---

[1] 沈冬梅.高中英语课程与教学研究[M].上海:上海教育出版社,2009:8-10.

第三节 大学英语专业课程的价值探析

英语学科作为基础教育中的重要组成部分,在经济全球化的浪潮中,越来越受到人们的重视与肯定。目前在我国,不管是城市还是乡村,不管是东部还是西部,学校里几乎都开设了英语这样一门学科。英语学科与语文学科、数学学科一起共同组成我国学校的三大主修课程。

什么是英语学科的教育价值?在理清这个问题前,我们必须明白什么是"价值"。"价值"是哲学中的一个核心概念,它表征的是"人类认识和实践过程中的一种'合目的性',或客体的主体人性化的肯定意义",体现着人类的崇高理想和永恒追求。马克思将"价值"定义为揭示外部客观世界对于满足人的需要的意义关系的范畴,是指具有特定属性的客体对于主体需要的意义。价值的本质就在于客体对于主体来说的合目的性,也就是客体符合主体目的的一种肯定意义。所谓教育价值,是指作为客体的教育现象的属性与作为社会实践主体的人的需要之间的一种特定的关系,对这种关系的不同认识和评价就构成了人们的教育价值观。

价值,作为一种关系范畴,它的出现几乎与人类社会有着同样久远的历史。作为人类社会特有的一种实践活动,从它产生的时候起,便具有了价值;并且,随着人类社会的发展和教育自身形式的不断完善,其价值也愈来愈大。教育价值的客观存在使人类的教育实践活动朝着人们理想的目标发展,使教育在人类历史进程中不断满足日益发展着的社会和人自身的需要。

对应"价值"的概念,不难看出,英语学科教育的本质就是以学生发展为目的,其价值主要以是否合乎学生发展的目的以及合乎的程度来评判。换言之,英语教育活动的价值,主要表现为英语教育活动对于受教育者全面发展的目的的满足。

第一章 绪 论

长久以来,说起英语课,许多人的反应只是对一门外国语言的学习与了解,期望通过英语的学习达到与他人沟通的目的,属于语言技能的学习。这样的学科价值取向,导致在教学实践中,我们的英语教育普遍出现了人文素质与语言能力培养"断裂"的状况。但事实上,英语作为一门课程,对学生而言远不止于此,更多的是以语言为载体,与他人沟通交流,了解外国文化,帮助学生全面健康地成长。在全民学英语的今天,英语教育对英语学习者的社会适应和未来发展究竟有何价值?在《上海市中小学英语课程标准》中就明确指出,学校开设英语课程,不仅要让学生掌握英语知识和形成运用英语的技能,而且要磨炼学生的意志,陶冶学生的情操,培养学生丰富的情感、积极的态度和正确的价值观。换言之,从学生全面发展的角度来看,英语学科的教育价值主要包括以下三个方面:语言能力发展、态度情感发展和个体成长。

一、语言能力发展

在学生语言能力发展方面,英语教育家斯宾塞曾指出,"获得任何一种东西有两项价值,作为知识的价值和作为训练的价值。获得每一种事实的知识,除了用以指导行为外,也可以用来练习心智;应该从这两方面来考虑它在为完满生活作准备时的效果。"斯宾塞所说的知识的价值,实质指的就是知识的应用价值。因此,应注重英语的实用价值,充分肯定英语作为语言交流沟通工具的重要作用,重视知识的实用价值,改变过去那种"学非所用""用非所学"的做法,切实注意从发挥知识的实用价值角度引导学生牢固地掌握基础知识、基本技能技巧。

具体来说,英语学科要求学生达到:
· 具备英语听、说、读、写的语言能力;
· 能在听或读中克服生词障碍,理解大意,获取准确信息;
· 能就比较广泛的话题同他人(包括英语国家人士)进行初步交流;

- 能用英语描述和表达个人意见,同他人交流思想感情;
- 能在阅读中运用阅读策略获取所需的信息;
- 能写有关日常生活中常见问题的作文。

二、态度情感发展

在学生态度情感发展方面,英语课程还具有促进学生认知世界、感知生活的认知价值。学校应注重引导学生在接受英语知识的过程中,通过一定的活动方式去获得人类沉淀下来的历史经验、认识成果,并将这些认识成果内化在自己的知识结构之中,逐步形成认识新事物的能力,从而在已知世界和未知世界之间架起一座桥梁,使新生一代站在前人认识基础之上去进行新的探索,从更广阔的社会背景去理解英语课程的学习。①

具体来看,英语学科对学生的要求是:
- 具有使用英语进行交际的意识并乐于实践;
- 具有较强的学习能力,能解决学习中遇到的困难;
- 能与他人合作,完成学习任务;
- 具有较强的接受外来文化的意识,了解中外文化的基本差异。

然而,在我国目前的英语教育中,有相当一部分教师对英语教育价值的选择还停留在"传递知识"上,至于认识范围以外的认知价值则很少涉及。因此,这就需要教师对自己的英语教学实践作批判性的反思,找出自己教学行为、言语背后深藏的教学价值观,认识这种价值观的问题所在;探讨新的课堂教学价值观的依据及合理性,进而在头脑中重建英语教育价值观,并在自己的教学实践中有意识地、持久地去实现。

三、个体成长

在学生个体成长方面,随着时代的发展,英语对学生的影响

---

① 周玉忠.英语专业课程学习指南[M].银川:宁夏人民教育出版社,2013:13.

也越来越大,具有促进学生全面健康成长的发展价值。所谓发展价值,是属于知识教育价值的高层次,它主要是指在认知基础上对学生整个精神世界全面发展的促进作用,主要包括道德情感、创造精神、审美能力、和谐人格等方面的发展。教育的全部意义和价值不能仅仅局限于人的自然素质的培养、开发,而是超越自然素质,进而塑造个体精神,促进每个个体在社会生活中具备充沛的精神力量和实践能力。

目前在我国,不管是考试、升学,还是找工作,英语水平都已成为一项重要的考核指标。对于那些有意出国学习或定居的人而言,英语更是必须跨过的第一道门槛。而飞速发展的信息时代也充溢着大量的有用信息,要跟上时代脚步,开阔视野,纵横网络,必须掌握英语这门通用语,通过与他人(尤其是外籍人士)交流等方式获得自己需要的知识信息。此外,通过许多有趣生动的英语歌曲、电影、书籍、电视节目,人们也可以更多地了解外国文化,从而感受掌握另一门语言的学习乐趣。在通过不断地学习、认识、感知世界的过程中,丰富自己的精神世界,成长为一个身心健全的人。

第二章 高校英语专业课程学习策略探索

学习策略是促进学习者展开学习的一项有效手段,也是学习者展开学习的基本思想与思路。学习策略对语言学习非常重要,与语言学习的成败有着密切的关系。本章就对高校英语专业课程学习策略展开分析。

第一节 语言学习策略及其需求分析

一、语言学习策略的研究与分类

(一)语言学习策略的研究

学习策略是心理学不断发展的产物,与学习者的认知方式紧密相关。现代心理学研究的不断深入使人们认识到人脑的学习机制是可以探知的领域,与此同时也促使第二语言习得的研究逐渐由"教"转向"学",转向对学习者及其学习策略的研究。这里需要区分学习者策略和学习策略这两个概念,学习者策略是学习者在学习过程中所采用的各种策略,除了学习策略还包括元认知策略、认知策略等,也就是说二者是全集和子集的关系。国内外对学习策略的研究主要有两种:描述性研究和介入性研究。

吴勇毅(2001)介绍了这两个方面的学习策略研究,他指出学习策略的"描述性研究"主要是确认学习者使用了何种学习策略,并进行定义和分类,同时进一步发现学习者如何选择和使用

第二章 高校英语专业课程学习策略探索

策略,以及这些策略是否有效。"介入性研究"建立在描述性研究的基础上,期待将描述性研究的成果应用到教学中,交给学习者有效的学习策略,并引导他们根据个人特点和学习目标选择适合的策略以帮助提高学习效率。另外,在学习策略的定义和分类方面,钱玉莲教授做了不少研究。

钱玉莲(2004)在综述二语学习策略研究现状的基础上,认为学习策略研究应该分国别,分课内与课外进行研究,强调探讨汉语学习中的一些特殊策略。钱玉莲(2005)指出了前人学习策略分类的不合理之处,她基于教学实际,对第二语言学习策略重新进行了系统的分类,并确立了一个基于教学的第二语言学习策略框架体系,该体系包括"宏观策略体系和微观策略体系"。钱玉莲(2006a)进一步总结了学习策略的定义及特征,然后和相关概念作了系统地对比与辨析,以期帮助人们更好的理解相关概念的异同点。

国外关于学习策略的研究开始于20世纪六七十年代,那个时候的研究主要是描述学习者使用的各种策略,并试图揭示语言习得成功者的学习策略,进而发现有利于提高学习效果的学习策略。20世纪80年代以后,在二语习得理论和认知理论的支持下,学习策略研究发展很快,而且有了更为详细和科学的分类,其内涵和外延都不断扩大,然而始终缺少一个统一的理论框架,并且研究者们对学习策略的认知和定义也并不一致。20世纪90年代以来,大量的实验研究拓展了学习策略研究的领域,人们认识到成功地习得一门语言远比人们想象的要复杂得多,学习者的性格、爱好、学习观念、奖惩制度等各种因素都会影响学习者学习策略的选择。成功的语言习得者所采用的策略并不一定适用于所有学习者,教师在引导过程中要考虑学习个体的性格差异、年龄差异、文化差异等诸多因素,同时学习策略的发挥也是存在各种变量因素的。

迄今为止,研究学习策略的结构和层次,给学习策略分类,学者们做了大量的工作。国内学者中,以外语界文秋芳(1995)

的分类最有影响,她将策略分为两大类:管理策略和语言学习策略。前者与学习过程相关,而后者则与语言学习材料相关。

国内学习策略的研究成果早期主要集中在外语教学界,他们最先引进和介绍国外的学习策略理论、个案分析、调查和实验研究。比如,吴增生(1994),庄智象、束定芳(1994),秦晓晴(1996),张日美(1998)等都从宏观的角度分别介绍了国外的学习者策略研究以及学习者策略研究的意义、方法、主题和分类以及成果。王初明(1990)和文秋芳(1995)则采用调查和描写的手段探讨了外语学习者的策略和方法。

从微观的研究来看,吴一安(1993)、文秋芳(1991、1995、1996)分别就学习策略和成绩的关系进行了研究。卜元(1992)、王文宇(1998)则描述了不同的词汇记忆策略。张文鹏(1998)研究了外语学习动机和策略运用的关系,得出具有强烈学习动机学习者可能会使用大量不同的学习策略。刘治、刘月珍(2000)则系统介绍了国外二语习得学习策略的介入性研究,主要包括理论基础、操作程序和有效性等几个方面。

吴平(1999)通过对留学生汉语写作错误的分析,探讨了留学生经常错误使用的四种学习策略,包括"(语际/语内)转移、(过度)概括、简化和回避"等。

江新(2000)采用语言学习策略量表(SILL)对留学生汉语学习策略进行了研究,分析讨论留学生母语背景、性别、学习时间长短及汉语水平高低对汉语学习策略使用的影响。其结论与徐子亮(1999)恰恰相反。

吴勇毅(2001)认为徐文所采用的统计方法没有江文的科学和细致。这表明,在进行学习策略等研究时,统计方法的科学使用以及分析的是否合理细致是至关重要的。

钱玉莲(2006)基于一个访谈和开放式调查,建构了一个"中文阅读学习策略量表",并用该表调查分析了中高级阶段韩国留学生的阅读学习策略。结果表明:韩国学生在阅读观念和学习策略的使用上不存在显著的性别差异;但是不同年级韩国学生在使用超文本观念、选材策略、预览策略和互动策略时有显著的差异;推测和语境策略是韩国学生最常用的,然后是标记、略读和预览策略,母语策略及互动策略最不常用;预览策略可以在一定程度上预测韩国学生学习成绩,但文本观念和互动策略却有轻微的负预测力。

吴勇毅、陈钰(2006)采用量表测试对24名外国学生的听力学习策略展开了调查和研究。通过对善听者和不善听者的对比分析发现,二者在听力时采用的策略,包括元认知策略、认知策略和情感策略等差异明显。前者在听力过程中,不仅关注意义,也很注意语言的形式,他们会使用多种策略,以达到主动参与而不是被动接收的目的,这样使得他们在策略选择上更为灵活多变,遇到的困难也就更少。

马明艳(2007)进行了一项个案研究,对象为非汉字圈国家一个汉语零起点的留学生,她以学生课堂笔记以及作业中的汉字为研究材料,从"书写错误、字形策略、记忆策略、应用策略、复习策略、归纳策略"等角度,研究了该学生各阶段汉字学习策略的特征以及学习策略的发展趋势,同时她采用汉字测试和调查等辅助方式,对该生不同阶段学习策略的使用及发展趋势作了对照性的研究。

吴勇毅(2008)采用访谈等方式对意大利学习者汉语学习策略进行了个案研究。以学习者在口语学习时使用的策略为研究对象,发现了一些规律:"在汉语作为外语的环境下,好的学习者大都会采用一种'寻找和建立固定的语言伙伴'的学习策略。"作者还指出:个案研究的特殊性可与大量样本的定量分析相互作用,从特殊与普遍两个角度帮助我们深化认识。

钱玉莲、赵晴菊(2009)对留学生汉语输出学习策略做了探讨和研究,具体内容包括汉语输出学习策略研究的理论基础、留学生汉语口头输出学习策略研究、中外学习者汉语书面输出学习策略比较研究、对外汉语输出技能教学对策研究等。对推动外国学习者汉语输出学习策略的深入研究起到了积极作用。

鉴于汉语的特殊性,在进行学习策略理论基础研究的同时,应更多地进行针对汉语特点的学习者策略研究。在全球范围内,不同文化圈的学习者在习得语言时采取的策略也可能是有规律性区别的,因而进行不同文化圈学习者策略的对比是有必要的。学习策略的有效性以及培训的实验研究不管是在外语教学界还是在对外汉语教学界都应该逐步深入。

(二)学习策略的分类

研究策略分类的目的是为了全面、深入地理解和掌握学习策略的要点与内涵,以便我们有效地使用它们。

国内有学者依据信息加工学习理论将英语学习作为语言信息加工过程,用"类、群、组、项"四级层次结构来归纳各项学习策略的概念体系(见表2-1)(吴本虎,2002)。在这个体系中,首先将英语学习策略分为两类,即语言学习策略类和一般学习策略类。接着将各类进一步分为若干策略群,如将语言学习策略分为增进记忆、分析综合、复用强化和清障解难四个策略群。每一策略群又分为若干策略组,如增进记忆策略群又包含语义联系、双重编码、利用特征和动作体验四个策略组。策略组下是各个策略项,也就是各项具体的学习策略,如语义联系策略组包括分类聚词、联想发挥和造句记词三个策略项。表2-1对英语学习策略的类别作了归纳。

表2-1 英语学习策略的分类

策略类	策略群	策略组	策略项
语言学习策略	A.增进记忆	a.语义联系	1.分类聚词 2.联想发挥 3.造句记词
		b.双重编码	1.视觉映像 2.配对成像 3.语义图示
		c.利用特征	1.语音串记 2.拆词重组 3.缩略助记 4.规则口诀
		d.动作体验	1.言行相伴 2.具体操作

续表

策略类	策略群	策略组	策略项
	B. 分析综合	a. 观察推理	1. 规则演绎 2. 构词分析
		b. 选择加工	1. 浏览查阅 2. 精做笔记 3. 拟写摘要 4. 圈划重点
	C. 复用强化	a. 温故知新	1. 套用熟语 2. 精心模仿
		b. 实践尝新	1. 使用实践 2. 英汉互译
	D. 清障解难	a. 化解疑难	1. 查询资料 2. 推测判断 3. 运用迁移
		b. 活用英语	1. 迂回表达 2. 改变说法 3. 同义代换 4. 临时造词
		c. 变通解决	1. 动作示意 2. 求助他人 3. 夹用汉语
		d. 掌握话题	1. 自选话题 2. 回避难题
一般学习策略	A. 增强调控	a. 认真计划	1. 确定目标 2. 具体计划 3. 落实措施
		b. 切实行动	1. 争取机会 2. 明确目的 3. 集中精力
		c. 自我测评	1. 建立记录 2. 主动检测 3. 客观评价
		d. 改进完善	1. 分析问题 2. 寻求对策 3. 探索新法
	B. 激发情趣	a. 自我激励	1. 言语鞭策 2. 体验成功 3. 自我奖励
		b. 轻松气氛	1. 排除焦虑 2. 劳逸结合 3. 笑语相伴
	C. 加强社交	a. 交流合作	1. 结伴学习 2. 主动交际 3. 交流感情
		b. 增进交际	1. 及时反馈 2. 求人纠错

对于这个体系有三点说明(吴本虎,2002)。

第一,这里所介绍的英语学习策略分类体系,从种类、名称的确定到结构的组织都是尝试性的,因而不一定成熟。希望它在英语学习策略研究中起参考作用,并在试用中修改补充,逐步完善。

第二,对英语学习策略分类并不意味着它们是相互独立、界限分明的学习行为和思路。它们在英语学习的实际过程中相互联系、相互渗透和相互交叉。有时某一学习行为可能体现了若干策略的综合使用。一方面,不是所有的规则演绎都涉及规则口诀,如在造句时,运用现在进行时的构成规则时一般不用口诀。另一方面,涉及规则口诀的学习活动又不一定都是规则演绎活动,如为了以后使用而抄写规则口诀就跟规则演绎无关。

第三,在实际英语学习过程中,学生常常交替进行各种学习活动,同时将几种学习策略配合起来使用。如在阅读新课文时,他们会时而根据上下文猜测生词的词义,时而查词典,时而找同学或老师询问,时而圈划重点,时而做笔记。同时,这还是他们学习计划中一部分。这些学习策略不是单独存在于学习过程之中,而是前后交替、相互联系的。尤其在直接策略和间接策略之间,两者往往是相互配合使用的。间接策略支持和保证直接策略的顺利使用,直接策略的有效使用又使间接策略的作用得到发挥(吴本虎,2002)。

因此,运用英语学习策略一定要注意学习策略之间的相互联系和相互作用。我们不但要注意单项策略的恰当使用,而且还要更多地关注多项策略的配合使用。

二、语言学习策略的需求分析

"学而不思则罔,思而不学则殆"这一观点的提出指出了学习策略是非常重要的。法国学者卢梭也证明了这一点,甚至在卢梭看来,策略的形成比获取知识更为重要。

不管是谁,在学习中都会运用到学习策略,但不同的是,有些人运用学习策略具有自觉性,有些人使用学习策略是不自觉的。例如,中国人拿筷子是非常常见的事情,看起来也没什么方法,但是如果西方人使用筷子,他们需要浪费很长的时间。这就说明,筷子的使用也是有方法的,只不过中国是不自觉就习得的,而西方人需要花费时间来学习。

学习策略对于学习者的学习过程是非常重要的,如果是积极的学习策略,那么必然有助于学习者的学习。众所周知,预习是非常重要的,但是很多学习者由于课本中存在很多的生词,他们无形中就认为预习就等同于查询生词,很少有学习者认识到课文中存在的难点。由于学习者对难点的查找是不自觉形成的,未将这一项目作为预习的重要层面,因此导致未实现预习的效果,这样的预习也就是可有可无的。如果没有充分的预习,学习者在课堂中就很难学习到知识的深层意义,也不会集中注意力在学习之中。学习者本身没有疑点,那么在学习中也不会向教师提出疑问,那么课堂就变成了教师教授、学习者记笔记的情况。反之,如果学习者能够对学习策略进行有效的运用,提前做好预习的准备,那么就会在课堂上主动索取,并发现问题,对问题进行解决。这样学习者就会不断提升自身的发现问题、解决问题的能力。

要想将学习策略的意义发挥出来,学习者首先就需要对学习策略有清楚的了解,并选择适合自己的学习策略。在学习过程中,学习者会形成自身的学习方法与观念,并不断产生新的方法与观念。为了避免在学习中走弯路,学习策略需要不断的进行更新,并且这种更新与学习内容的更新保持一致。学习者要在使用学习策略的过程中,发现哪些策略是正确的,哪些策略是不正确的,这就需要教师的引导。

学习策略是基于人的经验而形成的,选择适合的学习策略,会让学习者的学习事半功倍。例如,对读音规则的运用可以让学习者提升背单词的效率,但是如果教师不能把这一规则教给学习者,那么学习者将会发挥更多的时间来总结,同时还不能保证是否正确,这样对于学习者来说就是非常困难的。

学习策略的使用有助于培养学习者各方面的能力,提高学习者的素质。我们现在正处于知识爆炸的时代,人类科学知识以惊人的速度在发展着,知识更新换代的周期也一直在缩短,学习策略的更新与调整日益迫切。为了使学习策略与学习内容的更新保持一致,我们必须加强对学习者学习策略更新能力的培养,提高学习者应对和解决各种问题的能力。

第二节 影响语言学习策略运用的因素

一、影响语言学习策略的内在因素

（一）信念

学习者对英语学习的信念会影响他们对学习自主性的培养和发展。由于受应试教育和传统教学模式的影响，学生往往认为只有课堂教学才能学习英语，只有考试过级才算学会英语。这种信念忽视了语言学习策略的作用。Oxford 在《语言学习策略》一书中指出，"由学习者自己承担的学习会使学习本身变得更容易、更快捷、更愉悦、更自主、更有效，更能应用于新形势中"。要抱定一个信念：语言学习策略能力最重要；只要方法对、条件好，语言学习策略的效果一定会好。只有学习者有坚定的信念，愿意为自己的学习负责，其学习效率才会提高。[1]

（二）动力

动力是指激发学生获得知识的内在动力和欲望。动力对语言学习策略非常重要，它是引起、推动和维持语言学习策略的基础和前提。学习者有强烈的学习动力和欲望，才可能去承担责任、"自找苦吃"、克难奋进，学习才有韧劲和不达目标不罢休的毅力。当网络的新奇性和多样性不再吸引学习者的时候，激发自己的学习动力尤为重要。

动力还可分为内在动力和外在动力，而语言学习策略中的学生定目标、定计划、选方法和进行评估等行为能激发"内在兴趣"，提高学习的动力。

---

[1] 肖惜编著. 信息化外语自主学习导航[M]. 武汉：武汉大学出版社，2010：16.

（三）归因

归因是指人们对自己成功或失败所作出的因果解释。归因能对学习者的动机产生积极或消极的影响。我们一般将自己学习的成功和失败归因于能力、努力、任务难度和运气四个因素。我们在运用语言学习策略时，要学会积极的归因方式：成功时应归因为自己能力强，这样可以产生自豪感，对自己充满信心；失败时应归因为我们的努力还不够或方法不对，而不能归因为我们无能，否则会伤自尊心，产生羞耻感，对未来缺乏信心。把失败和成功归因于可以控制的、内部的、不稳定的因素，会对语言学习策略的成功抱有更高的期望，提高绩效感。

（四）学习风格

学习风格是人们在学习新概念时处理信息的方式，其实质是学习者喜欢的或经常使用的学习策略、学习方式或倾向，是在长期的学习过程中逐渐形成的、具有鲜明个性的行为，具体表现在认知方面（场独立型和场依赖型）、感知方面（视觉型、听觉型、动觉型和触觉型）、生理方面（谨慎型和冲动型）等。任何人的学习风格都不是单一的，而是多方面的。各个学习风格之间也不是相互孤立的，而是存在着不同程度的联系。因此，对各种学习风格不应有所偏好，褒扬某种学习风格而排斥其他学习风格。

二、影响语言学习策略的外在因素

（一）教师

教师的行为对学生具有影响作用。学习的主体虽然应该是学生，但教师的主导作用也至关重要。教师的教学模式、教学方法、选材思路等对学生的语言学习策略都有示范作用。学生会从教师的教法中吸取营养，注意教师观察问题、分析问题和解决向题的观点和方法,指导自己的学习。

教师要与时俱进,自己先做优秀的语言学习策略者,不断更新知识、转变观念、适应新角色,以胜任现代新型教师的任务;另一方面,教师要争取更大的自主权,对教师的评价也应体现语言学习策略能力培养的理念。

(二)教育技术

教育技术在这里是指为信息化语言学习策略而创造的学习环境和学习支持体系,是语言学习策略的物质基础,包括学习者在学习中可使用的硬件设施、软件平台、辅导帮助机制、监控机制、可供选择的资源等。它为语言学习策略提供了多媒体、跨时空、高效率的学习环境,体现了身处信息化时代的学习者应对知识经济挑战,进行网络化、多模态学习的需求,培养了信息化的语言学习策略的终身学习能力。现代外语语言学习中心集成了这些条件,为外语语言学习策略提供了理想的场所。

(三)课堂环境

研究者主要是国外研究者在对语言学习策略研究的近30年历程中,在语言学习策略与课堂环境之间的关系研究方面已积累了较为丰富的成果。下面,我们围绕组成语言学习策略的三个重要子系统:动机、学习策略(包括认知与元认知)和学习资源的利用,总结课堂环境对语言学习策略的影响。

1. 课堂环境对学习动机的影响

关于语言学习策略的动机,一般认为,学生个人的成就目标定向、内在动机是非常重要的两个方面。这里,我们分别论述课堂环境对动机的影响。

(1)课堂环境对学生成就目标的影响

近年来,考察不同的课堂环境因素或实验室情境因素对学生目标定向的影响已成为一个重要的研究方向。

频崔奇(2003)提出,过去对成就目标的研究中,主要集中于考察学生个人所持有的成就目标定向与随后的动机、认知及情感结果之间的关系,极少关注课堂教学实践和课堂目标与学生的成就定向之间的关系。事实上,复杂而丰富的课堂环境向学生传递着有关他们从事学习活动的目的的各种信息;教师的课堂教学实践,也包含有多种影响学生成就定向的信息和线索。因此,考察课堂环境因素与学生的成就目标定向和适应性学习结果之间的关系,应该引起研究者高度的重视。[①]

阿姆斯(1984)等在一篇文章里论述了社会比较和自我参照的课堂环境对学生的信息加工和学习结果评价的影响;不同的课堂结构营造不同的目标氛围,从而影响到学生对自我、学习任务和他人的信念。

帕特里克等(Patricketal,2001)对任教5年级的4个教师,以明示和暗示的方式向学生传递掌握性和表现性目标定向信息进行了研究。他们采用问卷法收集了10个班223名学生对课堂中教师设置的掌握性目标和表现性目标结构的知觉。另外,他们还采用观察法,收集了教师在设置任务、权利分配、评价学生、对学生分组、时间控制、社会互动和面对学生求助时等方面的谈话或行为。这样的教师要求所有学生卷入到学习活动中来,强调努力,鼓励学生间的互动。他们还表现出对学生学习和进步的社会与情感支持以及对学生的关注。相反,表现性定向的教师则强调正式性评价、等级和学生的相对表现。

恩托曼里斯和比得(Ntoumanis, BidUe, 1998)对英国大学生运动员的成就目标与知觉到的动机氛围之间的关系进行了考察。结果发现,知觉到的任务卷入氛围与学生任务目标定向有着极显著的正相关,而与自我目标定向无相关;知觉到的自我卷入氛围与学生的自我目标定向有正相关,但与任务目标定向有负相关。

---

① 范春林著.课堂环境与自主学习[M].北京:国家行政学院出版社,2013:117-120.

（2）课堂环境对学生内在学习动机的影响

在课堂环境中,影响学生内在动机的因素是什么呢?围绕这个问题,研究者主要考察了以下两个方面的因素。

首先是教师教学风格中的自主定向与控制定向的影响。关于自主支持(autonomy-supportive,AS)与控制型(controlling,C)教师教学风格的差异,德西等(1982)和瑞悟等(Reeveetal,1999)都做过比较研究。

总的来说,自主支持型教师是反应性的,如更多倾听学生的呼声;支持性的,如对学生的行为质量的赞许;灵活的,如给学生独立支配的时间;通过兴趣来激发学生,如支持内在动机。相反,控制型教师则是操纵性的,如控制教学材料,对学生指导和命令更多;灌输性的,如向学生直接给出正确答案;评价上批评更多,通过施加压力来刺激学生学习的积极性,如采用控制和强制的做法。

除了教师教学风格对学生的内在动机产生影响,还有研究者对成就目标的影响作用也进行了研究。

2. 课堂环境对学习资源利用的影响

一般来说,学业求助与其他方面的环境创设和资源利用相比,它更多地要通过与他人的互动才能完成。因此,制约学业求助的因素,除了学习者的主观条件以外,还涉及学习环境中的他人因素。

课堂学习环境中对学生求助行为产生影响的因素大体上有以下两类:第一类是教师因素。迈尔和苏巴特(Mare,Sobat,2002)从学生知觉的角度,研究了支持或抑制求助的教师特征。他们认为,由于教师通常是学生求助的对象,因此,教师对学生的求助作何反应或被学生知觉为作何反应,会对学生产生重要的影响,而且成为课堂学习环境氛围的中心。他们通过与学生交谈,归纳了10类影响学生求助的因素:教师提供帮助的意愿、教师的人格特征、教师对学生求助的反应、教师对学生的期待、教师提

第二章 高校英语专业课程学习策略探索

供帮助的能力、教师与学生的关系、学生与教师是否熟悉、教师的心境、教师反应的非确定性和教师的性别。[①]

纽曼（Newman,2002）提出，教师对学生学业求助的影响表现在以下三个方面。

（1）教师的卷入。对适应性求助来说，教师卷入会通过师生间的交互作用和学生对教育的信念而产生影响。当教师将情感投入到课堂之中，学生会尊敬教师并在课堂里体验到归属感。被学生知觉为关怀型的教师，能为学生提供一个师生交互影响的学习环境。例如，师生的目的、关注点和情感处于协调的状态。当师生拥有共同的目的时，教师就特别能采纳学生的观点，理解学生的想法，并且基于这种理解而对学生的学习做出恰当的指导。友好的、关怀型的教师，他们能对学生保持开放的姿态，表现出民主的互动风格，愿意倾听、探询学生的求助需要，确保学生理解困难的学习材料，以非威胁的方式提供帮助。在这种风格的影响下，学生会认为求助于老师是有效的，老师是值得信赖的求助对象，因而学生愿意向教师求助。

（2）支持自主。语言学习策略者有较强的自主感，但这并不意味着他们是自足的和独立于他人的。相反，在需要的时候，他们也会对求助感到心安理得。教师支持自主和适应性求助的一个重要的方式，涉及课堂目标定向的创设和对学生个人目标定向的适应。研究表明，在掌握目标定向的环境里，学生真正对知识的理解感兴趣，他们会请求教师提供与任务相关的信息帮助自己克服困难，而不求助的学生则是喜欢挑战，并且表现出良好的坚持性。但是在表现目标定向的课堂中，学生为了掩盖自己的低能，他们一般不会求助，如果求助的话，也表现出非适应性求助，如不经过自己的探索就直接问正确答案。此外，教师应适应学生个人的目标定向。一般来说，具有掌握目标定向的学生，他们会寻求老师的启发而不是正确答案，希望获得老师对他们得出的结论是

[①] 范春林著.课堂环境与自主学习[M].北京：国家行政学院出版社，2013：169-170.

否正确的反馈信息,他们希望改正缺点,通过自己的努力获得正确答案。相反,具有表现目标定向的学生对这类信息并不感兴趣。教师适应学生个体差异的程度影响到学生的适应性求助。当课堂与个人都强调学习目标时,学生就很可能表现出适应性求助;而如果课堂与个人都强调表现目标时,学生则拒绝求助。还有一点很重要的是,具有表现目标定向的学生在强调学习目标的课堂中,他们会表现为克服回避求助的倾向或对回避求助的倾向有一定弥补作用。

(3)支持胜任。语言学习策略依赖于学生的学业胜任感。教师通过提高学生的认知能力和社会交往能力,以满足学生的适应性求助的需要。如创设适宜的学习环境。研究表明,合作学习可以避免学生的社会比较和对求助行为的抑制;建立有助于适应性求助的课堂讨论模式。例如,教师为学生提供针对性反馈,有助于培养学生对自己求助需要的自我意识能力。

课堂环境中,除了教师因素影响学生的适应性求助,同伴也是非常重要的一个影响源。纽曼(Newman,2002)认为,同伴是儿童在学校社会化的重要动因。同伴对学生的影响表现在三个方面。

(1)同伴卷入。其一是友谊对适应性求助的影响。深厚的友谊可以为学生开放地表达他们的求助需要;而冲突的同伴关系则使学生拒绝向同伴暴露自己所遇到的困难。其二是学生的社会性目标的影响。一般来说,追求合群目标越强烈的学生,会更重视和利用求助,并将求助作为应对学习困难的策略。但应注意的是,追求合群并不一定导致适应性求助和学习成功。因为同伴间的友好也可能使大家贪玩好耍,或者同伴不一定能提供合适的帮助。此外,研究还发现,越是把同伴赞许看得重要的学生,即追求社会地位目标的学生,他们对向同学求助就越可能感到难为情。

(2)支持自主。同伴对适应性求助所需要的自主感,既可能起支持作用,也可能起削弱作用。其影响机制是社会比较。社会比较可能对适应性求助产生积极的影响,它可以给个体提供有关同伴的优势和不足方面的信息,从而使个体对同伴是否具有帮助的能力产生准确的评价。然而,社会比较也可能对求助产生消极的影响。因为向同伴求助可能被同伴认为是愚笨的表现。

（3）支持胜任。同伴影响胜任能力发展在很大程度上取决于教师允许学生相互帮助的程度。与个体化课堂活动(教师认为学生不需要相互帮助)和全班活动(提问通常是教师对学生而不是学生对教师)相比,在小组合作的环境里,当学生需要求助时,他们可以借助于同伴,并且随着这种经验的增加,他们逐渐会成为善于互相提出高质量问题的学习者。

(四)社会文化

文化因素影响着学习者的行为、学习价值观的思维习惯,因而会直接影响语言学习策略的效果。有人认为,语言学习策略概念源于西方文化,它被赋予的西方文化民主自由和崇拜个人主义价值观,不适合在以强调教师权威性的东方传统教育文化中发展。但也有人认为,东方学习者和其他文化中的学习者一样,都具有语言学习策略能力,都有较高的语言学习策略意识,他们都希望自己是语言学习策略的主体。东西方学习者只是有着不同的特征罢了。西方学习者一般果断、独立、自信,愿意提问,接受多元的结论,喜欢求异和逆向思维;而东方学习者更多地依赖机械学习,注重所学内容的复现,在学习过程中表现出更多的被动、顺从,倾向于沿着已经设定好的学习方向和学习目标来学习。此外,影响语言学习策略能力的因素还有智力、学习意志、自我管理能力等。

第三章　高校英语专业课程教学内容的构建

高校英语专业课程教学的内容涉及多个方面,如英语词汇教学、英语语法教学、英语听力教学、英语口语教学、英语阅读教学、英语写作教学、英语翻译教学,这些层面对于学生英语综合能力的提升而言同样重要,如果学生想要提升自身的英语表达能力,那么上述几个方面的教学内容都需要给予足够的重视。本章主要研究高校英语专业课程教学内容的构建。

第一节　高校英语专业基础知识教学内容的构建

一、高校英语词汇教学分析

（一）英语词汇教学的原则

1. 文化性原则

根据文化语言学理论,语言与文化有着紧密的联系,很多词汇都与文化有关,而且词汇学习也是为学生以后的跨文化交际服务的。因此,在英语词汇教学中,教师应该在讲授词汇的过程中与文化紧密联系,词义的讲解、结构的分析也都需要将文化引入其中,让学生对语言文化有充分的理解,这样才便于学生更深刻地理解词汇,对词汇的变化规律有清晰的把握。

2. 词汇运用原则

在应用语言学理论指导下,很多学者认为词汇学习的目的并不仅仅是为了对词汇加以记忆,而是让他们在实际的交际中能够运用到学习到的词汇,这就要求在英语词汇教学中,教师应该遵循词汇运用原则,即要求教师在讲述词汇的过程中,引导学生对讲述的词汇加以运用。具体来说,教师在英语词汇教学中应该设计与学生学习特点相符的教学活动,让学生参与其中,这样才能锻炼他们的词汇运用能力和水平。

3. 新潮性原则

随着科技的迅猛发展,学生的思想也变得更为开放、更为新潮,体现在学习和生活中,就是他们与信息密切联系。基于此,英语词汇教学应该从学生的需求与时代的趋势出发,做到与时俱进,这样才能体现新潮性。当然,教师除了为学生教授教材上的词汇,还可以引入一些新潮的词汇,如 selfie(自拍)、bestie(闺蜜)等,这些词汇具有新潮性与鲜活性,也会调动学生词汇学习的积极性。

(二)英语词汇教学的方法

目前,英语词汇教学存在着诸多问题,教学现状并不佳。对此,为了切实提高英语词汇教学的效果,提升学生的词汇水平,培养学生的跨文化意识,就需要在依据词汇学以及其他一些相关理论的基础上对教学方法进行优化,即选用新颖、有效的方法开展教学。

1. 词源分析法

这一方法主要适用于英语词汇中的一些典故词汇。在英语词汇中,有很多词汇是从典故中来的,因此其文化内涵非常丰富,很难从字面上去理解与把握,必须借助词源展开分析。无论对于中国人还是西方人来讲,在口语或者书面语中都会运用一些典故、传说等,因此对于这类词汇的教学是非常重要的。例如,man Friday 这一词就是源自《鲁滨逊漂流记》,其含义并不是"男人星期五",而是"得力的助手";an Uncle Tom 这一词汇源自《汤姆叔叔》,其含义并不是"一名汤姆叔叔",而是指逆来顺受,宁愿承受侮辱,也不反抗的人。

2. 文化知识融入法

在文化语言学指导下,在词汇教学中,教师可以采用教授法开展文化教学,即教师直接向学生展示文化承载词的分类及内涵等,同时通过图像声音结合的方式列举生动的例子加以说明,直观地培养学生对文化的兴趣。只有熟悉了英语文化,才能让学生透彻地了解英语词汇。学习语言时不能只单纯地学习语音、词汇和语法,还要接触和探索这种语言背后的文化,在语言和文化的双重作用下,才能真正掌握英语这门语言。采用直接讲授法讲授文化,既省事又有效率。而且这些文化不受时空的限制,方便学生查找和自学。

例如,"山羊"(goat),在汉语环境中,"山羊"一般扮演的是老实巴交的角色,由"替罪羊"这一词就可以了解到;在英语环境中,goat 则表示"好色之徒""色鬼"。这类词语还有很多,如 landlord(褒义)/"地主"(贬义)、capitalism(褒义)/"资本主义"(贬义)、poor peasant(贬义)/"贫农"(褒义)等,这些词语代表了人们不同的态度。在词汇学习过程中,要深入了解和尊重中西方文化,这样才能更好地将词汇运用于交际。

再如,根据当下流行的垃圾分类,教师可以让学生翻译这四类垃圾:干垃圾、湿垃圾、有害垃圾、可回收垃圾。大部分学生都会将"垃圾"一词翻译为 garbage,实际上正确的翻译应是 waste。由这两个词就可以看出中西方文化差异。在英语中,garbage 主要指事物或者纸张,waste 主要是指人不再需要的物质,可以看出 waste 的范围更广,其意思是"废物"。当翻译"干垃圾"和"湿垃圾"时,学生又会翻译得五花八门,实际上"干垃圾"是 residual waste,"湿垃圾"是 household food waste。所以,学生有必要深入了解中西方文化的异同,这样才能学好词汇,才会形成英语思维,进而形成跨文化交际能力。

3. 创设词汇学习情境法

语言只有在语境中才能焕发生机与活力,单独去看某个词很难在其中发现个中韵味,但是一经组合和运用,语言便有了生命力。因此,教师应创设信息丰富的环境,为学生提供真实的语言环境和大量的语言输入,使学生在逼真的语境中学习英语,给学生提供学习和运用词汇的机会。教师可以设计一些活动,如组织学生观看电影,然后指导学生进行角色扮演,让学生经历真实的跨文化交际情景,培养学生的跨文化交际能力。①

除组织跨文化交际活动外,教师还可以组织一些课外活动,让学生切实感受英语文化,扩大学生的词汇文化资源,培养学生的跨文化交际能力。例如,《疯狂动物城》这部动画片深受学生的喜爱,但大部分学生并没有注意这部影片的名字 Zootopia,也没有对其进行探究,觉得这是电影中虚构的一个地方。如果学生知道乌托邦的英文是 Utopia,可能会理解这个复合词 Zootopia 是由 zoo(动物)和 Utopia(乌托邦)结合而来。实际上,很多学生连汉语文化中的"乌托邦"都不了解,更不用说英语文化了。其实,"乌托邦"就是理想国,Zootopia 就是动物理想国,动物之间没有相互杀戮的地方。如果学生在观看电影前能对其中的文化进行探索,或者教师稍微引导,那么观影的效果就会更好,而且在欣赏影片的同时能掌握文化知识。

4. 课外辅助法

词汇学习不能仅依靠教师的课堂讲授,还要依靠学生的课外自主学习,对此教师应有效引导学生充分利用课外时间来自主扩充词汇量,丰富词汇文化知识。

---

① 陆影."互联网+"背景下高校英语专业词汇教学研究与实践[J].校园英语,2019,(18):4-6.

（1）推荐阅读

教师可以向学生推荐一些课外读本,如《英语学习文化背景》《英美概况》等,让学生利用课余时间进行阅读。通过阅读英语名著,学生不仅能充分了解西方文化背景知识,扩大文化视野,还能积累丰富的词汇,了解词汇的运用背景以及词汇的文化含义,更能培养学生良好的自主学习习惯,促使学生终身学习。可见,阅读英语书籍对学生的词汇学习而言是非常有意义的。

（2）观看英语电影

现在的大学生对于英语电影有着浓厚的兴趣,对此教师可以借助英语电影来提高学生的词汇能力。具体而言,教师可以选取一些蕴含浓厚英美文化,并且语言地道、通俗的电影让学生观看。这样学生可以在欣赏影片的过程中,切实感受英美文化,提高文化素质和词汇能力,同时提升学习词汇的兴趣。

目前,英语词汇教学存在着诸多问题,教学现状并不佳。对此,为了切实提高英语词汇教学的效果,提升学生的词汇水平,培养学生的跨文化意识,就需要在遵循基本教学原则的基础上,对教学方法进行优化,即选用新颖、有效的方法开展教学。

（3）学习资源圈共享

通过共享学习资源圈的建构,对学生展开分层教学,教师可以为学生介绍一些与课本配套的线上课程,通过这些线上的课程,可以对课堂的内容加以补充,从而不断丰富学生的学习资源。由于学生固有的知识水平是不同的,并且他们接受的学习情况也存在差异,因此在进行教学的时候,教师应该实施分层教学,考虑学生的不同层级,设置的任务要与他们的能力相符,这样才能满足不同学生的学习需求。

（4）引导学生深度学习

在信息技术的辅助下,学生的词汇知识学习不应该仅仅局限于阅读、写作、背诵层面,而应该将那些零散的知识整合起来,实施再现学习。通过信息技术的辅助,不断设计自己的学习,将学习兴趣和积极性激发出来。

建构主义注重将学生作为中心,强调学生对知识的获取能力与探索能力,让他们主动发现与建构知识。通过对知识的发现与建构,解决自己学习中遇到的一系列问题。

(5)建立评价机制

通过信息技术,学生可以自己展开测试,这可以让教师对数据加以整合,找出学生容易出现问题的地方,然后在课堂上将这些重难点讲解一下,并及时收集学生的学习情况。显然,通过这种线上测试,可以激发学生的学习兴趣,也是对学生自主学习的一种鼓励。

二、高校英语语法教学分析

(一)英语语法教学的原则

1. 实践性原则

传统的英语语法教学只重视知识传授,不重视技能培养,忽视语法的交际功能。《大学英语教学指南》注重学生能力的培养。教师要明确英语语法教学只是培养语言实践能力的桥梁,其目的是更好地培养学生听、说、读、写语言实践能力,进而达到用英语进行交际的目的。因此,语法教学必须突出其实践性原则。

2. 交际性原则

根据交际理论,在英语语法教学中,教师应遵循交际性原则,即恰当地运用多媒体设计课堂教学,创设合理的语言交际环境,使语言交际环境符合实际环境,从而帮助学生更好地掌握语法知识,提升交际能力。提高学生成绩并不是语法教学的最终目的,语法知识的使用才是语法教学的本质,所以语法教学应结合实际生活,培养学生的语法思维,提升学生的听、说、读、写能力,提高他们的语言交际能力。

3. 文化性原则

依据文化语言学理论,语法作为语言的内部规律,与文化有着密切的联系,即蕴含和反映着丰富的文化信息。对此,在英语语法教学中,教师应重视文化因素对学生语法学习的影响,并有意识地进行文化教学,创设英语语言环境,从而丰富学生的文化知识,切实提高学生的语法能力和语言交际能力。

(二)英语语法教学的方法

1. 文化对比法

文化与语言关系密切,当然文化对于语法教学影响深远,因此教师可以采用文化对比的方法展开教学,让学生不断对英汉语法的差异有所熟悉,培养他们的跨文化交际意识与能力。

众所周知,我国学生是在母语环境下来学习英语的,因此不知不觉地会形成母语思维方式,这对于英语学习而言是非常不利的,甚至在组织语言时也掺加了汉语的成分。基于这样的情境,英语教师就需要从学生的学习规律出发展开对比教学,使学生不断认识到英汉语法的差异,这样便能在发挥汉语学习正迁移的前提下,使学生掌握具体的英语语法知识。

2. 语境教学法

依据语境理论,在英语语法教学中,教师可采用情境教学法开展教学,情境教学法有着包含语法规则和知识的真实环境,可以充分调动学生不同的感觉器官,激发学生学习的兴趣,可以让学生在接近真实的情境中切实参与到学习中,使学生系统地掌握语法知识。语法教学通过情境化实现了认知与情感的联合,颠覆了过去只讲述语法规则的陈旧方法,学生有了使用语言的空间。而且通过情境化教学,课堂氛围更加活跃,师生关系更加和谐,学生的语法能力和交际能力会得到显著提升。具体而言,情境教学的教学途径包含以下几个。

第三章　高校英语专业课程教学内容的构建

（1）融入音乐，创设情境

青少年通常对音乐有着强烈的兴趣，因此在语法教学中，教师可将音乐与语法教学相融合，营造轻松愉悦的气氛，在聆听中学，在欢唱中学。例如，在讲授现在进行时这一语法时，教师可以让学生先欣赏歌曲，并让学生持有该曲的歌词，然后找出歌词中含有现在进行时的句子。这样既能激发学生的学习兴趣，分散学习的难点，又能使学生在不知不觉中学到知识。

（2）角色扮演，感受情境

在英语语法课堂教学中，教师还可以组织学生进行角色扮演，让学生身临其境地学习语法知识。学生可以通过自己扮演的角色，体验相应情境下人物的言行举止、思想情感，深化所学知识，提高学生的人文素养。

（3）运用媒体，展示情境

在语法课堂教学中，有些教学情境因条件的限制无法创设，但随着多媒体技术的发展及其在教学中的运用，这一缺陷被弥补了。多媒体教学素材丰富多样，包含图像、图形、文本、动画以及声音等，将对话的时空体现得生动和形象，图像和文字都得到了充分得体现，课堂氛围不再沉闷死板，学生的感官得到了调动，加深了学生的印象，提高了学生参与课堂教学的积极性，教学和学习效率也得到了显著的提升。

（4）设计游戏，领悟情境

设置符合学生心理和生理特征的语法教学游戏，可以激发学生的学习积极性，让学生积极参与其中。而且生动活泼的游戏可以调动学生的多种感官，使学生原本觉得困难的语法结构也变得简单许多，从而使学生在潜移默化中掌握语法知识。

第二节 高校英语专业基本技能教学内容的构建

一、高校英语听力教学分析

（一）英语听力教学的原则

1. 兴趣性原则

听力能力的提高需要一个过程，不能一蹴而就，而且需要不断的练习和努力，很多学生由于自己听力能力不佳，加上进步缓慢，因此对听力学习缺乏兴趣。兴趣对于英语听力学习至关重要，对此教师在开展英语听力教学时要有意识地激发学生的兴趣，也就是遵循激发兴趣原则。具体而言，教师在进行听力教学之前，首先要充分了解学生的兴趣所在，即了解学生对哪些听力活动和听力内容感兴趣，然后以此为依据来调整教学内容和教学方法，从而激发学生的听力兴趣，调动学生的积极性，提高学生的听力水平。

2. 情境性原则

听力是交际的重要方式，学生只有在自然、真实的环境中，才能与环境产生相应的互动，获得真实的语言体验。很多教师往往都有这样的感受，即教师竭尽全力鼓励学生参与课堂活动，但学生依然对听力学习缺乏积极性，课堂教学沉闷。实际上，良好的课堂氛围需要师生共同营造，教师应该与学生积极沟通，充分发挥自己的主导作用和学生的主体作用，应在活跃、自然、民主的课堂环境下创建英语语言情境，进而培养学生的听力能力。

3. 综合性原则

英语包含四项基本技能，即听、说、读、写，这几项技能之间并不是相互独立的，而是密切联系、相互促进。所以，教师要想切实提高学生的听力水平，就要重视听力与其他技能之间的关系，将输入技能训练和输出技能训练相结合,培养学生的综合英语能力。

（二）英语听力教学的方法

1. 听力技能掌握法

听力的有效进行是需要一定的技巧的,因此在英语听力教学中,教师可以运用信息技术向学生介绍几种常用的听力技巧。

（1）听前预测

在进行听力之前,进行一定的预测是很有必要的。在教学中,教师可以指导学生在正式听听力材料之前,先浏览一下听力问题,据此预测听力测试的范围,如地点、时间、人名等,这样可使听力更具针对性。

（2）抓听要点

在听的过程中,要学会抓听要点。也就是抓听交际双方言语活动中的主要内容、主要问题、主题句和关键字等,对于一些无关紧要的内容则可以不用重点去听。

（3）猜测词义

听力过程中不可能听明白每一个词,而且有时难免会遇到陌生的单词,此时如果停下来思考这个词的意思,就会影响整个听力材料的理解。这时可以继续听,通过上下文来猜测词义,这样既不会中断思路,也能流畅地理解听力材料内容。

（4）边听边记

听力具有速度快和不可逆转性的特点,听者在有限的时间内不可能听懂和记住所有的内容,此时就需要借助笔记来辅助听力活动,也就是边听边记录。听力笔记不需要十分工整,听者自己能看明白即可。

2. 文化导入法

（1）通过词汇导入

依据文化语言学的内容,英语听力教学中教师通过词汇向学生导入文化知识,不仅可以提高学生的文化意识和素养,还能丰富学生的词汇量,为听力能力的提高奠定基础。例如,"狗"这一动物在中国文化中多具有贬义色彩,从"狗腿子""狗拿耗子"等表达中就能看出,而在西方文化中,dog深受人们的喜爱,被人们当作好朋友。在听力教学中,有意识地扩大学生的词汇量,丰富学生的词汇文化知识,将对学生听力能力的提升大有裨益。

(2)通过网络多媒体导入

现代信息技术的发展促使网络开始普及,而且在各个领域发挥巨大作用。在信息化时代,教师可以充分利用网络技术向学生输入文化知识。

3. 观赏影片法

英语电影能够营造真实、生动的听力环境,而且能够帮助学生更好地了解西方文化,从中体会中西方文化差异,进而提高跨文化交际能力。因此,将英语电影运用于英语听力教学,可有效激发学生的学习兴趣,提高教学的效率和学生的听力水平。具体而言,可采用以下步骤开展教学。

(1)观赏影片前

在观赏影片之前,教师和学生需要做一些准备工作。这些准备工作是指,在选定影片之后,教师要为学生布置好与电影主题相关的作业,鼓励学生在课下通过网络搜集一些与电影背景相关的信息,通过此方式加深学生对影片的了解。在临近观看前,教师要对影片的相关内容进行介绍,并提出拓展学生思维的问题,如影片中有哪些俚语以及主角爱好等,这样能够引导学生带着问题和好奇心去观看影片。在准备工作完成之后,学生在了解影片的基础上,边观看影片边解决问题,从而达到更好的学习效果。

(2)观赏影片中

在观看影片的过程中,教师可选择和运用影片中某个经典片段的放映来指导学生进行精听。精听要求学生听清每一个词、短语和句子,清楚每一个情节。通过精听,教师可以更好地引导学生学习影片中的语言。在精听的同时,教师还可以采取泛听的方法,让学生了解影片的故事梗概。此外,在播放影片的过程中,教师可以根据学生的英语水平和影片中的相关内容适时暂停影片,提醒学生影片中的一些关键对话,辅助讲解一些俗语、委婉语、禁忌语等,同时分析其中所涉及的中西方文化差异,帮助学生掌握语言精华,培养跨文化意识。

（3）观赏影片后

在影片结束之后,教师可以有针对性地进行扩展活动,即选择影片中的经典情节,组织学生进行角色扮演,从而巩固学生的听力水平,锻炼学生的表达能力,提高学生发音的准确性,培养学生的语感,同时树立学生的信心,促使学生合作学习。另外,教师可以鼓励学生谈论影片的主题及意义,引导学生撰写影评,这样可以巩固学生掌握影片所学的词汇、语法等知识,进而提高学生的听力水平。

总体来说,英语电影语言丰富,情节生动,深受学生的喜爱,将其运用于英语听力教学,将能够为学生营造一个真实的语言环境,锻炼学生的听力能力。但需要注意的是,采用电影辅助法开展英语听力教学,在选材上要多加留意,要选择那些语音纯正、用词规范、内容健康的经典影片,这样才能让学生学到地道的英语表达,提高学生的听力水平。

4. 游戏教学法

学生"说不出,听不懂"的问题依然是英语听力教学中的重要问题,而基于信息技术的发展,游戏教学法成了听力教学的突破口。游戏教学法寓教于乐,能有效激发学生参与听力教学的积极性,促使学生实现知识能力的自我构建。

（1）设计学习目标

具体而言,学习目标的设计涉及以下三个问题。

其一,交互式游戏教学环境的构建问题。

其二,学生参与交互式游戏教学的积极性和主动性问题。

其三,交互式游戏教学的效果问题。

(2)分析教学对象

在开展游戏教学时,还要对教学对象,即学生进行分析,了解学生的学习需求、学生感兴趣的内容等,进而实施因材施教,确保教学效果。

(3)游戏教学的设计和应用

网络游戏深受广大学生的喜爱,对此教师可以依据网络游戏来开展英语听力教学。具体而言,教师可根据游戏中玩家协作和竞争的模式,设计角色扮演的游戏教学程序。

二、高校英语口语教学分析

(一)英语口语教学的原则

1. 目的性原则

所谓目的性原则,是指明确口语教学的最终目的。在口语学习过程中,学生对于自己语言中是否存在语法错误是非常在意的,也刻意追求发音是否标准。事实上,很多时候英语口语教学与沟通并不拘泥在形式层面,因为在口语交流中语法错误不可避免,即便是本国人进行交流,也会存在语法错误。因此,学生在学习中不能仅仅为了纠错而纠错,而应该追求的是流利性,只要能够流利地将自己的意思表达出来,就说明是一次成功的交流。因此,英语口语教学应明确目的性原则,在教学中应认真聆听学生的交谈,而不要因为某个错误而打断学生讲话,中断学生思路。教师可以在学生交流结束后,针对交流中存在的一些细节问题加以指导,并且给予鼓励,这样能激发学生大胆说英语的积极性,也能引导学生在日常生活中学会自我纠正。

2. 互动性原则

口语练习本身非常的枯燥,经过枯燥的练习,学生很容易丧失学习的积极性,甚至将口语学习抛之脑后。因此,根据互动理论,在英语口语教学中,教师应该把握互动原则,不能仅仅在课堂上传输知识,而应该与学生进行互动,明确学生练习的进度与效果。

另外,为了保证口语练习的互动性,教师为学生设计的话题应该能够使他们进行互动,并且能够使他们展开有效的互动。

3. 实用性原则

根据应用语言学理论,在英语口语教学中,实用性原则非常重要,即在教学中要对教学目的予以明确。口语教学的目的在于帮助学生展开交际,在于让学生将自己想要表达的信息传达出去,因此口语教学的最终目的是让学生展开交流,而并不仅仅是书面传递。无论语言多么漂亮,如果学生不能在合适的场合发挥出来,就会很难实现交际目的。

语言与文化有着紧密的联系,在日常交际过程中,学生应该对自己的语言习惯加以培养,而不是简单将内容加以练习。语法上的某些错误并不会影响交流,但是语言使用规则上的问题应该多加注意。这就是说,英语口语教学中应该加入文化知识,帮助学生了解一些中西文化差异,这样学生在表达时就会明白什么场合说什么话。

(二)英语口语教学的方法

1. 文化对比法

英汉文化差异对口语交际有着很大的影响,因此在英语口语教学中,教师应加入中国文化元素与西方文化元素的对比,呈现中西方文化之间的差异。以饮食文化为例,西方人宴请客人时多考虑客人的口味、爱好,菜肴通常经济实惠。中国人为了表示热情好客,在请客时通常准备多道菜肴,而且讲究菜色搭配。引导学生进行文化对比,不仅能提高学生的文化适应性,也能减少汉语思维的负面影响,进而提高学生的跨文化交际能力。

2.观看美剧法

大学校园中,美剧十分流行,深受学生的喜爱。实际上,美剧并不仅是一种消遣方式,还是帮助学生认识西方文化、提高口语表达能力和交际能力的重要途径。对此,教师可以运用信息技术介绍一些经典的美剧,来帮助学生学习口语,以改善口语教学环境,激发学生的学习兴趣,锻炼学生的口语表达能力。

(1)选择合适的美剧

美剧通常语言地道、故事情节生动富有吸引力,是一种有利于激发学生兴趣的学习资料。美剧类型丰富,题材各异,不同类型的美剧对学生的口语能力所发挥的作用也不相同,因此在运用美剧开展口语教学时,教师要对美剧进行筛选,选择有利于发展学生口语水平的美剧。此外,教师还要提醒学生不要只沉浸在对美剧的欣赏中而忽视对美剧中语言知识和文化背景的学习,鼓励学生带着学习动机来观赏美剧。

(2)开展层次性的反复训练

在运用美剧进行口语教学时,教师应遵循循序渐进原则,开展反复性的练习,逐步提升学生的口语能力。例如,在首次观看的时候,教师要引导学生将精力放在剧情上;在第二次观看时,教师可以引导学生对剧中的表达和语法等进行推敲;在第三次观看时,教师可引导学生重点对人物说话的语气以及台词所隐含的内容进行挖掘和分析。分层逐步开展,可以有效加深理解和记忆,对提高学生的口语能力十分有利。

(3)关闭字幕自主理解

在看美剧时,很多学生习惯看字幕,脱离字幕将无法正常观看影片,实际上这样观看美剧对提高口语表达能力并不利。在观看美剧时,学生应对台词形成自己的理解,在不偏离剧情中心思想的情况下抛开字幕自主理解,可以有效锻炼英语交际思维。

(4)勇于开口模仿

学生要想通过美剧切实提高口语交际能力,就要在听懂台词、了解剧情的基础上开口说，即对剧中人物的台词进行模仿。只有不断地开口练习，才能培养英语语感，增加知识储备，进而提高口语交际能力。

总体而言，采用美剧来辅助英语口语教学能有效提升学生的听说能力，还能提升学生的写作能力，进而培养学生的跨文化交际能力。

3. 创设交际情境法

口语学习的目的是进行实际交际，所以学生只有在真实的情境中开口说英语，才能使自己的口语能力得到锻炼。对此，教师可以采用情境教学法开展口语教学，即创设真实的情境，让学生在真实的环境下学习口语。具体而言，教师可以通过角色表演和配音两种活动来创设情境，锻炼学生的口语能力。

（1）角色表演

教师可以根据教学内容让学生进行角色扮演，将主动权交给学生，让学生自主分工、自行排练，然后进行表演。这种方式深受学生喜爱，不仅能缓解机械、沉闷的教学环境，还能激发学生说的兴趣，让学生在真实的社会场景中进行社交活动，锻炼口语能力。当学生表演结束后，教师不要急于评价学生，应先给学生一些建议，然后再进行点评和总结。

（2）配音练习

配音是一种有效锻炼学生口语能力的方式，教师可以充分利用配音活动来提高学生的口语水平。具体而言，教师可以选取一部英文电影的片段，先让学生听一遍原声对白，同时向学生讲解其中的一些难点，然后让学生再听两遍并记住台词，最后将电影调至无声，让学生进行配音。这种方式可有效激发学生开口说的积极性，而且能让学生在欣赏影片的同时锻炼口语能力。

三、高校英语阅读教学分析

（一）英语阅读教学的原则

1. 词汇积累原则

对于英语阅读而言，词汇是必不可少的组成部分，也是顺利进行阅读的基础。作为一名英语教师，应该理解词汇在阅读理解中所扮演的角色。学生理解基础词汇，有助于他们在阅读上下文时猜测出一些低频词汇的含义。根据研究显示，那些经常阅读学术性文章的学生对术语应付的能力要明显强于应付一般词汇的能力。因此，学生如何积累一般的词汇是教师需要关注的问题。

在词汇积累教学中，单词网络图是比较好的方式。在英语阅读课堂上，教师可以给出一个核心概念词，然后让学生根据该词进行扩展，从而建构其他与之相关的词汇。需要指出的是，高频词教学在词汇积累中是非常重要的，其有必要渗透在英语听、说、读、写、译教学之中，并在细节层面给予高频词过多的关注，这样才能便于学生顺利完成阅读，并根据这些高频词顺利猜测陌生词的意义。

2. 速度与流畅度结合原则

英语阅读教学存在一个严重的困难，就是虽然学生具备了阅读的能力，但是很难进行流畅的阅读。也就是说，教师将更多的关注点放在学生阅读的准确性上，忽视了学生阅读的流畅性。想要改变这种状况，就要求教师在阅读教学中找寻一个平衡点，不仅帮助学生提高阅读的速度，还要保证学生阅读的流畅性，这是阅读教学培养速度的最终目的。一般来说，学生阅读的过程不应该被词汇识别干扰，而是应该花费更多的时间研读内容及语言背后的文化。要想提升阅读的速度，一个好的办法就是反复进行阅读。学生通过反复的阅读,实现速度与理解的结合。[1]

3.把握阅读关键原则

受中国应试教育的影响,阅读教学与其他教学一样,教师将更多的关注点放在教学检测结果之上,而阅读理解中的理解却被忽视。实际上,成功完成阅读的关键就在于完善与监控阅读理解。为了能够让学生学会理解,可以从学生的自我检测入手,并鼓励他们同教师探讨具体的理解策略,这是元认知与认知过程的紧密结合。例如,教师不应该在学生阅读完一篇文章之后,提问学生关于理解的问题,而是应该为学生示范如何进行理解。全体学生一起阅读并一起探讨,这样便于每一位学生理解文章的内容。

(二)英语阅读教学的方法

1.阅读圈教学法

"阅读圈"是指一种由学生自主阅读、自主讨论与分享的阅读活动。[2]在英语阅读教学中,"阅读圈"教学法主要包含以下几个实施步骤。

(1)设计任务

教师以某个文化专题为教学内容,明确教学目标,选定学生在课堂以及课外需要阅读的材料,设计好相应的需要学生进行讨论和分析的问题,并规划好学生完成这些任务的学习模式。

(2)布置任务

在这一环节,教师安排学生组成"阅读圈",每个小圈子为6—7人。之后,教师向学生讲解阅读圈教学模式的理念、要求和规则,告知学生的学习重点和内容。此外,教师可以鼓励学生在自己的阅读圈内承担一定的角色,具体角色示例如表3-1所示。

---

[1] 黄一臻.应用型高校英语专业"以输出为驱动"阅读教学模式的探索与实践[J].智库时代,2019,{4}(11):270-271.
[2] 刘卉.英语文化教学中阅读圈教学模式的构建与探索[J].教育现代化,2018,(45):237.

表 3-1　阅读圈各成员的角色分配示例

角色	具体任务
讨论组织者	主持整个讨论过程,并准备相关问题供圈内成员讨论
词汇总结者	摘出阅读材料中与文化专题相关的重点词汇和好词好句,引导圈内成员一起学习
总结概括者	对所有阅读材料的文化元素和内容进行总结并与组员分享,并总结、评价小组活动的内容和成果
语篇分析者	提炼阅读材料重要的语篇信息并与圈内成员分享
联想者	将所读阅读材料与文化专题相对应的中国文化的内容建立联系,结合最新的社会文化发展动态进行批判性评价
文化研究者	从阅读材料中找到与自己相同、相近或者不同的文化元素和内容,并引导圈内成员进行比较

(资料来源:刘卉,2018)

（3）准备任务

在布置完任务之后,教师引导学生进行独立思考,并让学生对需要讨论的问题及自身的思考结果形成文字。此外,由于阅读圈内各成员承担着不同角色,教师应鼓励学生完成各自任务,自由表达自己对文化的不同看法。

（4）完成任务

当学生通过自己的努力和教师的引导完成相应的任务时,各个小组就可以按照各自负责的内容进行汇报,对所读内容进行信息加工、思维拓展,确定小组汇报的内容,最终形成 PPT,在课堂上展示核心成果。

（5）评价任务

当学生各自汇报完自己的学习成果时,就可以进入评价阶段了。评价可以是学生自评,也可以是同学互评,还可以是学生和教师共同评价。

2. 文化图式融入法

图式理论充分彰显了阅读的本质,即强调阅读的本质是读者及其大脑中所理解的相关主题知识与阅读材料输入的文字信息之间相互作用与交互的过程。图式理论是一种关于阅读研究的

第三章 高校英语专业课程教学内容的构建

科学理论,其不仅强调文化背景知识与文化主题知识的重要性,也并未忽视词汇、语法在阅读中的重要作用。下面通过读前、读中、读后三个阶段进行详细的分析。

读前阶段是信息导入阶段。在这一阶段,要发挥出图式在阅读之前的预测功能。教师可以组织学生参加一些讨论、预测或者头脑风暴等活动,从而将学生头脑中的图式激发出来。在这一阶段,通过自上而下的阅读,学生头脑中的先验知识与文本相结合,从而将学生的图式激活与构建,为学生进一步的阅读埋下伏笔。

读中阶段是文化渗透阶段。在这一阶段,要发挥出图式的信息处理功能。学生根据自上而下的模式来探究文章的整体思路。一些新的文化知识可以通过自上而下的阅读模式获得,从而构建内容图式与阅读技巧。在读中阶段,略读、细读等都是比较好的策略。

读后阶段是文化拓展阶段。在这一阶段,要发挥出图式的记忆组织功能。教师可以通过各种活动对学生的新图式加以巩固,如辩论、角色扮演、讨论等。学生存储在大脑中的图式越丰富,学生的预测能力就越强。因此,课外阅读是非常重要的。具体可以通过图3-1体现出来。

(1)阅读前阶段

头脑风暴法。在英语阅读中,头脑风暴法常被用于导入环节之中。学生通过这一方法可以展开丰富的联想,从而刺激头脑中形成新的图式。因此,教师在文化导入过程中要考虑话题的需要,为学生创设合理的头脑风暴,让学生更好地融入课堂之中。

预测与讨论。在阅读之前运用图式理论时,教师应该发挥学生推理的能力。学生通过对文本材料进行解读与推理,从而刺激自身的图式。

运用多媒体资料。在文化导入阶段,教师应该运用多媒体资料,让学生更好地体验文化教学的特色。通过多媒体,学生可以更直观地感受语言知识,了解中西方语言文化的差异,刺激学生的图式,让学生在激活自身图式的基础上进行下一步内容图式的拓展。

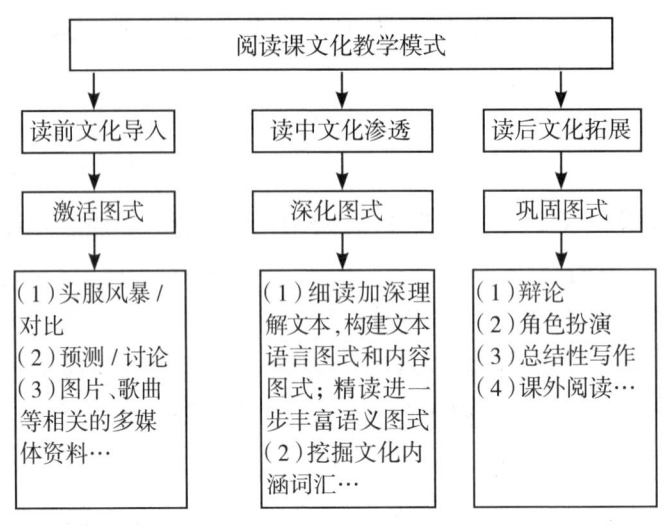

```
           ┌─────────────────┐
           │ 阅读课文化教学模式 │
           └─────────────────┘
        ┌─────────┼─────────┐
   ┌────────┐ ┌────────┐ ┌────────┐
   │读前文化导入│ │读中文化渗透│ │读后文化拓展│
   └────────┘ └────────┘ └────────┘
        │         │         │
   ┌────────┐ ┌────────┐ ┌────────┐
   │ 激活图式 │ │ 深化图式 │ │ 巩固图式 │
   └────────┘ └────────┘ └────────┘
```

(1)头脑风暴/对比
(2)预测/讨论
(3)图片、歌曲等相关的多媒体资料…

(1)细读加深理解文本,构建文本语言图式和内容图式;精读进一步丰富语义图式
(2)挖掘文化内涵词汇…

(1)辩论
(2)角色扮演
(3)总结性写作
(4)课外阅读…

图 3-1 阅读文化图式模式

(资料来源：马苹惠,2016)

（2）阅读中阶段

在读中阶段,教师可以在这一阶段进行文化知识的渗透,进一步对学生的内容图式加以丰富,从而让学生更好地展开阅读。在阅读教学中,教师采用扫描、略读等策略帮助学生构建灵活的图式,促进学生激发头脑中与之相关的图式,从而便于学生更好地理解文章。在细读阶段,教师要帮助学生挖掘与语篇相关的文化内涵,扫除他们在正式阅读中的障碍。

首先,可以通过略读和扫描法,让学生大致了解文章的大意,从而获得对文章的总体信息与思路,这是帮助学生建构相关内容图式的有效路径。扫描法是学生根据教师的指令,能够在文章中找到特定的信息。

其次,可以通过细读,根据上下文,让学生明确每一个单词的含义,尤其是那些具有文化内涵的词汇,从而丰富学生的内容图式。

（3）阅读后阶段

在读后阶段,主要是充分发挥学生头脑中的记忆功能。一般来说,读后文化拓展的方法主要有如下几种。

第一种是辩论。教师可以针对文本材料中的相关内容,选取一些视角展开辩论,学生在辩论中对与文本相关的内容图式加以巩固。同时,通过辩论,学生也可以更好地理解文本的文化内涵与文化背景知识。

第二种是角色扮演。学生通过学习与文本相关的文化知识,从而丰富自身的文化内容。然后,学生带着角色有目的地重新阅读文本,教师引导学生对文本进行改变或者情景模拟,从而激发学生学习的兴趣和积极性,提高他们在真实语境下对文本综合运用的能力。

第三种是总结性写作。这一方式有助于学生加深对文本的理解,让学生将文化知识从短时记忆转向长时记忆。

第四种是课外阅读。除了课后巩固之外,教师还应该鼓励学生展开课外阅读。通过大量的课外阅读,学生可以提高学习的自主性,而且还能在阅读中不断丰富自身的内容图式。

四、高校英语写作教学分析

(一)英语写作教学的原则

1. 恰当性原则

英语写作教学的恰当性是指写作任务的设计应该恰当。具体来说,写作任务需要具备如下两点特征。

第一,能够激发学生思想交流的需求,使学生有内容进行写作。

第二,对于学生语言能力提升有帮助,如增加词汇量、学习新句型等。

这两点虽然是作者对写作方法的要求,但也是对写作任务的设计要求。具体来说,如果教师想设计出一个好的写作任务,那么就需要与学生的实际相符,让学生有充足的内容与经验展开写作。同时,还需要符合学生实际的语言能力,这样才能完成写作,将理论知识运用到具体的实践中。

2. 多样性原则

英语写作教学中需要坚持多样性原则,主要体现在训练方式与表达方式上。

从训练方式上说,教师应该采用多样化的方式,如可以通过扩写、仿写等办法训练学生的写作能力,同时教师应该把握好每一种方法的优缺点,让学生在多种方法下掌握适合自己的方法。

从表达方式上说,教师应该引导学生在写作中运用多种表达方式,这样的写作才是灵活的写作。这不仅可以对学生写作中的问题加以弥补,还可以提升学生的灵活运用技巧,这样写出来的文章才能引起读者的注意。

3. 综合性原则

写作这一活动并不是孤立存在,而是与其他技能有着密切的关系。因此,写作并不是单纯地进行写作,而是要与其他的技能结合起来。也就是说,应该将写作与听力、阅读、口语等技能相结合,只有这样才能保证写作教学的有效性,才能促进学生写作水平的提升与进步。这四项技能彼此之间是相互关联的。通过阅读,学生可以获取相关信息,并能够发现写作中存在的问题,通过课堂上的讨论,学生可以进行相互的交流,并提出相关意见,从而完善自身的写作。

(二)英语写作教学的方法

1. 文化知识教学法

在互联网背景下,英语写作教学应该重视让学生积累丰富的文化知识,摆脱汉语负迁移作用对学生英语写作的影响。在日常的写作中,如果学生遇到困难的句子,他们往往会选择用汉语思维对句子进行组织,导致出现了明显的语言错位,这就是受汉语负迁移作用的影响导致的。①

因此,在英语写作教学中,教师除了对学生的词汇、语法等语言知识进行训练,还需要训练他们的文化知识,避免学生出现负迁移的现象。同时,教师应该鼓励学生多进行阅读,让他们在阅读中挖掘文化知识,从而对自己的语言进行充实,写出一篇得体的文章。

2.综合教学法

所谓综合教学法,是指将写与听、说、读几项基本英语技能相结合,使之相互作用并提升学生的写作能力和培养学生的英语综合能力。

(1)听、写结合

听是语言输入性技能,可以为写作积累丰富的素材,加快写作的输出。具体而言,教师可以采用边听边写和听后笔述或复述的方式开展教学。

边听边写可以是教师朗读,学生记录,也可以是播放录音,学生记录。听写的内容可以是课文内容,也可以是其他故事或内容。

听后笔述或复述是指教师以较慢的语速朗读或者录音播放听写材料,一般朗读或播放两至三遍,在这一过程中学生只听不写,在朗读或播放录音完毕后,教师要求学生凭借记忆进行笔述或复述。在笔述或复述时,学生不必拘泥于原文的词句,也不用全部写出或背诵出,只要总结出大意即可。这种方式能有效锻炼学生的语言组织和概括能力。

(2)说、写结合

说与写密切相关,说是写的基础,写与说相互贯通。以说带写,可以有效激发学生的写作兴趣,提高学生的写作能力,还能锻炼学生的口语表达能力。具体而言,教师可以采用改写对话和课堂讨论的方式开展教学。

---

① 焦丹.SPOC翻转课堂在高校英语专业议论文写作中的应用研究[J].语言教育,2021,9(02):28-33.

(3)读、写结合

读与写的关系十分密切,通过阅读可以获取大量写作所需的素材,通过写作可以进一步巩固阅读能力。写作作为一种输出活动,是离不开语言知识的输入的,如果没有语言知识的积累,将不可能写出内容充实的文章。阅读作为积累语言知识的重要途径,将能为写作奠定良好的基础。

总体而言,在英语教学中,要重视英语基础知识和技能的教学,并不断进行创新,从而提高教学的质量,培养学生的英语综合能力。

3. 语块理论融入法

受负迁移作用的影响,学生习惯用汉语思维来对文章进行组织,这样很容易出现各种错误,如句式单一、语言不通顺等。因此,在跨文化转型背景下,教师可以采用语块教学法展开写作教学。

根据语块教学法,本族语者之所以能够表达顺畅,是因为他们在脑海中会存储一些各种情境下的语块,而不是某一个词。在发话或者写作中,他们可以调用这些语块,无须进行排列加工。这样的语言输出才更有速度与质量。同样,将这一理论运用到写作教学中就是要求教师应该对学生加强语块训练,让学生脑海中形成整体的语言知识,以语块来组织写作练习,这样写出来的文章才具有整体性与格局性。

五、高校英语翻译教学分析

(一)英语翻译教学的原则

1. 精讲多练原则

精讲多练原则主要包含两个层面:精讲和多练。翻译教学如果仅从传统教学方法入手,先教授后练习,那么是很难塑造好的翻译人才的。因此,在翻译教学中,教师应该不仅要教授,还需要练习,在课堂上将二者完美结合。

2. 实践性原则

翻译理论的教授很难培养出好的翻译人才,还需要进行翻译练习,这就是翻译的实践性原则。在翻译教学中,教师应该为学生创造更多的机会展开练习。例如,教师可以让学生去翻译公司实习,通过实际活动来进行体验。

(二)英语翻译教学的方法

1. 扩大学生的翻译知识面

翻译是一项包含多领域的活动,如果对翻译的基础知识不了解,就很难明白文本的内容,也很难准确展开翻译。到目前为止,我国很多学校的英语翻译教学过多关注翻译基础知识,而忽视翻译能力培养,尤其是很少介绍文化方面的知识,这就导致学生遇到了与文化相关的翻译内容时往往手足无措,甚至会出现翻译错误。因此,在英语翻译教学中,应该渗透文化知识,扩大学生的知识面,培养学生对文化知识的理解与把握,帮助他们形成翻译能力。[1]

2. 提高学生的语言功底

翻译活动是一项复杂的活动,其需要学生具备双语知识。也就是说,英汉语言功底对于翻译人员都不可缺少。因此,在翻译教学中,教师不仅要教授学生英语语言知识,还需要培养学生的汉语表达能力,熟悉英汉语言国家的表达习惯,提升翻译质量。

3. 注重文化对比分析

由于教学环境的影响,英语文化的渗透还需要依赖翻译教学,其中文化对比分析是一种比较重要的方式。具体来说,在翻译教学中,教师不仅要讲解教材中的文化背景知识,还需要对

---

[1] 刘子敏.高校英语专业翻译课程混合式教学模式研究[J].吉林农业科技学院学报,2021,30(02):102-105.

文章中的中西文化进行对比与拓展,帮助学生在翻译内容时接受文化知识。另外,利用文化对比分析,学生能够建构完整的文化体系。

第四章　高校英语专业课程教学方法的探索

高校英语专业课程教学在长期的发展过程中形成了各种各样的教学方法。历史时期不同,英语专业课程所应用的教学方法不同。换言之,教学方法的变革与更新与时代、社会的发展是密不可分的。本章主要研究高校英语专业课程教学方法的探索,涉及高校英语专业课程常见的教学方法、高校英语专业课程教学方法的创新。

第一节　高校英语专业课程常见的教学方法

一、语法翻译法

顾名思义,语法翻译法强调第二语言语法的教学,其主要练习技巧是目标语与另外一种语言之间的互译。

(一)语法翻译法的历史发展

目前,尚无语法翻译法的完整、详细文字记载的历史。有证据表明,语法和翻译的教学在语言教学中由来已久,但是作为一种主要的练习技巧,语法规则与从另一语言到目标语翻译的结合直到 19 世纪末才流行起来。作为一种独特的教学策略,对语法点简要的讲解与大量翻译练习的结合,在奥伦多尔夫(Oldendorf)大约 1840 年前后被广泛采用的语言教程中也得到过应用。奥伦多尔夫在其课堂上采用的顺序安排后来"变成一种标准程序：规则讲解，后续词汇表和翻译练习。教程结束时，进行连贯文章段落的翻译"[①]。奥伦多尔夫的方法受到同时代人的推崇，认为这是一种积极、简单和有效的方法，因为某一规则一旦讲解完毕，紧接着应用于简短句子的翻译。其他一些教材编者，如赛登斯图克尔（Seidensticker）和阿恩（Ahn），则在每一本教材、章节或者"课"中，都将规则、词汇、课文和需要翻译的句子组合到一起，这是典型的语法翻译法模式。19世纪中叶，德国的普洛茨（Ploetz）将赛登斯图克尔法语教材改编后用于学校的法语教学中，因此语法翻译法成为学校里教授现代语言的主要方法。在其基础语法中（1848），普罗茨将重点放在了动词的形态变化练习上，而在高级教程《法语教学语法》（*Schulgrammaik der Franzisischen Sprache*）（1849）中，语法系统则是本教程的主题。19世纪最后几十年间，语法翻译法受到攻击，人们认为它是一种冷冰冰、无生气的语言教学方法，同时将外语教学的失败归咎于它。19世纪末期和20世纪上叶的语言教学改革运动，在绝大多数情况下是在反对语法翻译法中发展起来的。

尽管受到诸多攻击，语法翻译法在当今仍然广泛应用，但是是作为一种补充策略同其他一些策略结合起来使用的。只要翻看一下目前在使用中的许多教材，尤其是非通用语种的教材，就会发现，语法翻译法仍然很有市场。20世纪60年代，多德森（Dodson，1967）再次肯定了基于语法翻译策略的教学技巧，将其命名为"双语法（bilingual method）"。

(二)语法翻译法的理论依据

目标语主要被理解为文本和句子中必须遵守的、同第一语言规则与意义相联系的规则系统。语言学习被默认为一种理性活动，它涉及规则的学习，要通过大量翻译练习记忆与第一语言意义相联系的规则和语言事实。作为参照系统，第一语言在第二语

[①] Stern. 语言教学的基本概念[M]. 北京：商务印书馆，2018：585.

言的学习过程中保存了下来。语法翻译法的理论基础是心理学,因此作为一种心理训练,这种现代语言的学习方法同拉丁语和希腊语的学习一样是有充分依据的。

尽管受到改革者猛烈的轰击,但是语法翻译法或传统法仍然极其顽强地生存了下来。首先,正如在我们关于语言学习的研究中所注意到的,第一语言作为一种参照系,对第二语言学习者确实非常重要。因此,各种形式的翻译或者其他一些跨语言技巧,在语言学习中起着一定的作用。其次,有些学习者力图对第二语言的语法系统有系统的理解。因此,语法教学对他们而言,也有一定的重要性。再次,对第二语言的形式特征进行思考以及作为一种练习手段的翻译,将学习者置于积极主动的问题解决情景中。语法翻译法是"学术性"(明示)学习策略的一个部分。最后,语法翻译法似乎在教学中相对易于应用。语法翻译法的主要缺陷,不仅在于过分重视语言的大量规则,而且在于其练习技巧的一些局限性,不能将学习者从第一语言的桎梏下解放出来。此外,需要记忆的内容数量巨大,加之给学习者所讲授的语言事实缺乏连贯性,从而使人们在19世纪所认为的这种方法是进入第二语言的一种安全、简便和实际途径的观点变成一句空话。

(三)语法翻译法的教学目标

19世纪,语法翻译被一线教师看作进行文学作品学习的前提条件,而且即使达不到上述目标,语法翻译本身仍然可以被看作从教育上来讲有效的心理学科。语法翻译很少或者根本不强调第二语言的听、说,它主要是一种以书本为核心的语言语法系统的学习方法。然而,我们必须认识到,普罗茨将其《教学语法》的教学目标定义为"在不片面地关注理论(即语法理论)的前提下,对语法的彻底掌握,最终达到熟练地理解法语著作,并独立地在口语和写作中使用语言"。

(四)语法翻译法的教学技巧

需要教授的语言分成几个简短的语法章节或者单元,每一个单元包括几个语法点或者语法规则,讲授完毕后,用例子加以说明或者阐释。教材中教师强调的语法重点并没有隐藏起来,而且也不避讳使用专业语法术语要求学习、记住某个语法规则和例子,如某个动词的形态变化或者一个介词词表。对第二语言词汇或者其他任何方面,通常不以任何系统的教学方式来教授。练习中包括第一语言的词汇、短语和句子,要求学习者借助于双语词汇表翻译成目标语,用这种方式来练习所学过的项目或者一系列项目。梅丹热尔所推行的语法翻译法的特点之一是,练习使用的句子所涉及的语法规则越来越多,用一句话来同时说明多个规则,以这种方式来增加学习任务的复杂性。这种教学方式往往使语言学习从表面看来是在解决问题,其他练习则是从目标语翻译成第一语言。随着学习的进步,学习者可以从孤立的句子翻译过渡到第一语言和第二语言之间连贯文本的互译。

二、直接法

直接法的特点,首要的一点是,目标语作为教学和语言课堂交流手段在教学中广泛使用,避免使用第一语言和翻译技巧。

(一)直接法的历史发展

语言教育中的这一重要进展缺乏全面的文字记载,这是我们已经注意到的。凯利(Kelly,1969)再次成为其历史解释的一个重要来源,虽然他关于直接法的论述散见于其著作中。吕尔克尔(Riulcker,1969)曾系统地对直接法在德国的起源和发展进行过追溯。

从历史的角度来看,尤其是在欧洲,1850年到1900年的语言教学改革,试图通过彻底变革语法翻译法来提高语言教学效果。在这个历史时期,各种语言教学方法纷呈,反映了人们当时对主流理论和实践的广泛不满。古安的《语言教学的艺术》(1880)是理论方面根本改革的一个范例。斯威特的《语言的实用研究》(The Practical Study of Languages)一书的前言和绪论对针对当时改革的批评以及改革的冒进性进行了阐释,书中所提出改革名目繁多,如"改革方法""自然方法""心理方法""语音方法"等,但是,用于描写语言教学新方式各种特征经久不衰的术语是"直接法"。

直接法背后的推动力部分地可归功于那些实际且不墨守成规的教学改革者,他们对新的实业界和国际贸易与旅游对更有效的语言学习的需求做出了回应,如伯利茨(Beritz)和古安。这种方法也是语言学研究、语言学理论、语文学和语音学推动的结果。从历史上来看,直接法的发展跟语言教育中语音学的引入有密切关系。语音学和直接法两者都强调口头语言的使用。然而,从概念的角度来讲,两者之间未必有联系。

直接法的推广在19世纪和20世纪之交,当时在语言教师中也引起很大的争议,但是在很多国家这种改革在教育部指南中得到认可,而且在当时的教科书中也可明显地看出来。

虽然在随后的几十年间直接法并未得到整体应用,但它对教学理论和实践的影响广泛而且深远。

在英国,直接法也留下了印记,向教师提出了挑战。但是,两次世界大战之间这个时期推行的政策乃是一种折中,亦即采纳了直接法对口头语言的重视和某些教学技巧,但是并没有禁止翻译或者用第一语言对语法进行解释。直接法,无论是否有"语音介绍",其在欧洲的影响主要在早期阶段的法语或者语言学习上,而高级语言教学仍然主要依赖传统方法。两者之间的混合在英国被称为"折中法"或者"口语法"。英国具有影响力的督学柯林斯倡导这种混合方法,他是两次世界大战之间被广泛采用的其中一本法语教程的编者,他创造了一个口号叫作"尽量有法语味地(as Frenchly aspossible)"教授法语(Collins,1934)。但是,这种方法实际上往往更接近语法翻译法,而不是直接法。

尽管直接法在两次世界大战之间实际上已经退出学校语言课堂,但是某些教学技巧却保留了下来,如第二语言叙事故事的使用、问答技巧以及其他一些直接法练习。在欧洲数个教育体系中,文本的翻译完全被对口头与书面文本的直接学习复述以及根据图画或者教师讲述的故事片段作文等教学技巧所取代。最为重要的是,由于受到直接法的影响,许多教师直到今日,尽管在实践中难以达到,一直将在外语课堂上完全避免将翻译作为一种教学技巧来使用和完全避免使用第一语言来进行语法解释和交流,看作一种理想的语言教学方式。因此,围绕直接法展开的争论,已经造成了语言教学理论中的裂痕:语言教师在语言课上的实际做法跟他们认为应该有的做法之间产生了断裂。

近年来,美国有些语言教育工作者重新肯定了直接法作为语言教学的一种有效方式的价值。根据他们的诠释,直接法是一种突出强调语言课堂上第二语言的使用、排斥翻译的"认知"或者理性的教学方法。[1]这一版本的直接法并不排斥语法解释和形式练习,但是更强调在真实的交际行为中语言的使用,而不像听说法那样将重点放在语言操练上。

(二)直接法的理论依据

从语言学的角度来讲,语言教学应该建立在语音学和科学地确立的系统语法的基础之上。语言的学习等同于第一语言的习得,而且所牵涉的学习过程常常可以用联想主义心理学来做出解释。因此,学习的重点在语音与简单的句子上,放在语言和附近环境(如教室、家庭、花园、街道)中的物体、人物之间的直接联想上。

直接法产生与发展的动力来自两个方面:一是少数一线教师的创造性;二是少数语言学学者(如斯威特与维埃托尔)关于语言和语言学习本质的批判性理论思想。在这个方面直接法是

---

[1] Stern.语言教学的基本概念[M].北京:商务印书馆,2018:590.

第四章　高校英语专业课程教学方法的探索

同类方法中的先驱。直接法同时还是使学习的情景成为语言使用的情景，培养学习者放弃第一语言参照所做出的首次努力。它要求教师在教学中要有创造性，并且由此产生了一系列不同于翻译法的语言教学技巧。课文作为语言学习的基础在教学中使用，图画和实物展示，重视问答、口头叙事、听写、模仿，以及大量的新型语法练习，所有这一切都产生于直接法。20世纪的语言教育，如20年代的帕尔默和50年代与60年代的听说法和视听法，都采纳了由采用直接法的教师发明的教学技巧。关于一语与二语关系问题，直接法走向一个极端，将一语完全排斥在二语学习之外。

有两个主要问题一直困扰着直接法语言教学。第一个问题是，如何不经过翻译来表达意义，以及如何在不参照一语的条件下保证不产生误解。第二个问题是，如何在语言学习的初级阶段之后应用直接法。同其他新方法一样，直接法扩大了语言教学初级阶段的资源，但是相对而言，对高级阶段的教学却几乎没有什么贡献。从某种意义上来讲，尤其是由于坚持在课堂交流中只使用第二语言，直接法可以合情合理地被看作现代"沉浸式"教学的前身。

（三）直接法的教学目标

直接法代表早期阶段语言教学目标从文学语言向日常口语的转移。这是语法翻译法中所完全没有的一个目标。语法翻译法所谓的大脑训练目标并非是直接法的核心。而在其他方面，直接法所代表的与其说是语言教学目的的变化，倒不如说是教学手段的改变。而且，可以说，直接法并未表达出一种完全不同于其他教学法关于语言教学主要目标的观点。

（四）直接法的教学技巧

直接法的标准教学程序涉及教师对"课文"的讲解。课文通常是课本中经过特殊改写的简短外语叙事故事。课文中困难的表达方式以变换措辞(paraphrase)、同义词、示范或者提供语境等手段,用目标语加以解释。为了更清楚地解释课文的意义,教师就其内容提问,而学生则通过朗读课文来进行练习。语法例句来自课文,教师鼓励学生自己去发现所牵涉的语法原则。很多时间都花费在课文内容的问答上,或者在关于挂画的谈话上。练习包括句型转换、替换、听写、叙事和自由作文。由于直接法课上口语用得多,所以重点被放在了正确发音上。这就是为什么在直接法早期的历史上,语音学——特别是用音标注音——被看作方法的一个重要组成部分。

三、阅读法

这一方法有意识地将语言教学的目标局限于阅读理解能力的训练。

(一)阅读法的历史发展

韦斯特(West,1962)、邦德(Bond,1953)在其有关著述中和科尔曼(Coleman,1929)在现代外语研究系列的一卷中为这一教学方式提供了论据。

作为20世纪20年代的一种创新,这种理论为英美教育家所推崇。当时在印度教授语言的韦斯特(West,1926)坚持认为,学会流利地阅读,对学习语言的印度人来说,远远要比说语言更重要。韦斯特之所以突出阅读,不仅仅是因为他将阅读看作需要获得的最有用处的外语技能,而且是因为阅读是一种在语言学习初期阶段对学生而言回报率最高的技能。基于桑代克《教师词汇手册》(*Teacher's Word Book*)(1921),他为读者构建了一个控制词汇表和经常重复的新词汇表。由于类似的理由,科尔曼(Coleman,1929)从现代外语研究中得出下述结论:美国中学唯一的一种现实的语言教学形式就是以阅读技能为核心的教学。

同样,1920年到1940年间,邦德提出了一种教授芝加哥大学语言课程的阅读法理论。这个经数十年开发出来的课程为学生提供了分级阅读材料和系统的学习阅读的方法。口语虽然没有完全被忽视,但是重中之重是阅读。

(二)阅读法的理论依据

阅读法具有很坚实的实用基础。

阅读法产生于实际的教育考虑,而非语言学理论或者心理学理论变迁的结果。它符合美国20世纪20年代的教育理论。这种方法将一些新的重要成分引入语言教学中:(1)设计出跟特定目的相契合的教学技巧(就这种情况而言,阅读目标)的可能性;(2)作为一种更好的分级文本的手段,词汇控制在第二语言文本中的应用;(3)分级"读物"的创作;(4)词汇控制促成的快速阅读技巧在外语课堂上的应用。

(三)阅读法的教学目标

作为一种语言教学的理论,阅读法有意识地将语言教学的目标限制在一种实际可达到的用途上。

(四)阅读法的教学技巧

阅读法的教学技巧跟前述教学法的技巧并无天壤之别。同语法翻译法一样,其语言教学中并不完全排斥第一语言的使用。跟直接法相似,第二语言的教学以口语为重点,因为发音和"内部言语"能力被看作阅读理解的重要助益。有几种技巧是从母语阅读教学中借鉴来的。重要的是,阅读文本中词汇的控制被认为是至关重要的,而且同等重要的是,必须将以细研为目的的精读同以一般理解为目的的对分级"读物"的快速泛读区别开来。

四、听说法

20世纪60年代盛行的这种方法具有数个独一无二的特点：（1）听、说、读、写各种技能的分离与听、说（而非读、写）技能至上；（2）对话用作呈现语言的主要手段；（3）对模仿、记忆和句型操练等技巧的重视；（4）语言实验室的使用；（5）确立语言学理论和心理学理论为教学方法的基础。

（一）听说法的历史发展

听说法在大约1960年之后出版的有影响的书中都有介绍，如布鲁克斯（Brooks,1960/1964）、斯塔克（Stack,1960/1966/1971）、拉多（Lado,1964）、里弗斯（Rivers,1964,1968）、查斯顿（Chastain,1971,1976）等。莫尔顿（Moulton,1961/1963）曾对其早期语言学原则的发展进行过追溯。

20世纪上半叶主要的教学方法，如语法翻译法、直接法，总的来说，都产生于欧洲的学校体系，而听说法则主要起源于美国。但是，它在世界各地，甚至在那些对它从一开始就持怀疑和批评态度的国家和地区（如英国或者德国），却产生了相当大的影响。

直到20世纪50年代后期，听说法才初具形态，并以各种名目出现。20世纪50年代，常常被称为听力—口语法。"听说法"这个术语作为更易于发音的一个替代，是由布鲁克斯（Brooks,1964:263）提出来的。他本人还提出并推广了另外一个术语"新手段（New Key）"，用它来指称同一教学方法。"新手段"这个术语取自兰格的著作《新手段中的哲学》一书。卡罗尔（Carroll,1966）称之为"听说习惯理论（audiolingual habit theory）"，而宾夕法尼亚研究项目（Smith,1970）则称之为"功能性技能策略（functional skillsstrategy）"。

无论名称为何，听说法作为一种独一无二的语言教学理论有明确界定和产生最大影响的时期非常短暂，大约始于1959年，终

第四章　高校英语专业课程教学方法的探索

于 1966 年。从这个时期最初开始,尤其在 1964 年后,听说法就受到挑战。最终到了 1970 年,基于理论上和实用方面的原因,听说法受到激烈的抨击,对新的转向的呼声越来越大。

正如多数观察者已注意到的,听说法起源于第二次世界大战期间美国战时语言课程的"军队法"的理论和实践的发展,如莫尔顿(Moulton,1961/1963)提到的五个口号来加以总结,布卢姆菲尔德(Bloomfield,1942)具有开创性的小册子,密执安大学英语语言学院(The English Language Institute of the University of Michigan)弗里斯和拉多的学说,对比语言学的发展,语言实验室的新技术,以及美国国防教育法案(NDEA,1957)带来的给予语言研究和发展的慷慨经济支持,所有这些因素都对听说法理论的发展有很大的贡献。听说法理论可能是第一个公开承认产生于语言学和心理学的语言教学理论。但是,听说法的倡导者不仅仅坚称已将语言教学建立在了坚实的科学基础上,而且试图表明,从科学的各个学科派生出来的原则可以以具体、易于运用的形式,应用于语言教学材料的编写与日常教学实践。听说法的倡导者称这是一种高效的教学方法,此言一出,就立即受到挑战。谢勒与沃特海默(Scherer and Wertheimer,1964)的研究是寻找实证证据的首次努力。后来的研究,如查斯顿与沃尔德霍夫(Chastain and Woerdehoff,1968)、宾夕法尼亚项目(Smith,1970)和瑞士的 GUME 项目(Levin,1972),仍在继续寻找支持听说法优点的具体证据。早在 1964 年,卡罗尔、里弗斯、萨波特和阿尼斯菲尔德(Anisfeld)就对听说法的理论根据提出了质疑(Valdman,1966;Rivers,1964)。乔姆斯基(Chomsky,1966)在某次会议上的著名演说彻底动摇了听说法的理论基础,导致 1966 年到 1972 年间关于听说法的大辩论。与此同时,语言教学材料和教学实践则刚刚跟上听说法思想和课堂创新的步伐。理论的快速变化与实践的低速发展之间的差距,导致 20 世纪 70 年代初的混乱和迷茫。

(二)听说法的理论依据

听说法是 20 世纪 50 年代和 60 年代描写语言学、结构语言学和对比语言学的真实写照。对听说法的影响主要来自斯金纳,同时也受到奥斯古德等新行为主义者的影响。根据其心理学理论,语言学习是刺激与反应、操作条件作用和强化的过程,其重点是按照精心准备的小步骤和阶段进行的无错误、成功的学习。由于其对心理学和语言学理论的应用缺乏科学的严密性和一致性,因此受到里弗斯(Rivers,1964)、卡罗尔(Carroll,1966)和乔姆斯基(1966)等人的不断批评。

20 世纪 60 年代初,听说法点燃了人们对语言教学黄金时代到来的希望。到 20 世纪 60 年代末,它却摇身一变,成为百无一是的替罪羊,语言教学所有的问题都归罪于它。其理论基础并不牢固,而且,从实际的角度来讲,也没有实现其希望。实证研究结果并未不容置疑地验证其优越性,而且那些自觉地使用听说法教学材料和教学方法的教师,抱怨这些教学技巧不仅无长期效果,而且导致了学生的厌烦。

考虑到上述批评,有必要重申一下听说法对语言教学的贡献。首先,听说法是第一个提出要将语言教学的理论发展建立在公开申明的语言学理论和心理学理论基础之上的理论。其次,它试图使语言学习为广大的普通学习者能够企及。换言之,这一理论提出,语言教学应该以不需要抽象推理这种高级认知能力的参与就能完成的方式展开。第三,它强调句法的发展,而其他教学理论则往往只关心词汇和形态。第四,由它引发产生了一系列简单的教学技巧,如对语言具体特征的多样化、分级和强化练习。最后,它将语言技能分离成教学手段。听说法将特殊设计的听力和口语练习技术引入教学中,而之前的口语练习仅仅是朗读课本练习,而且不同语言技能的顺序安排也没有在教学法意义上一以贯之地处理。

(三)听说法的教学目标

听说法的重中之重是听和说两种"基本技能"。虽然阅读和写作并未被完全忽视,但是听和说却处于优先地位,而且在教学顺序中先于阅读和写作。同直接法相似,听说法极力在不参照母语的条件下培养目标语技能。例如,布鲁克斯(Brooks,1960/1964)认为,语言学习的理想结果是,对第二语言的掌握跟第一语言达到相同水平。听说法的倡导者虽然并不认为文化是第二语言教学所必不可少的,但是语言学习却首先被看作实用交际技能的获得。

(四)听说法的教学技巧

听说法的教学技巧在哪些方面不同于语法翻译法或者直接法的教学技巧呢?听说法虽然不像语法翻译法那样突出强调语法知识或者语法信息,但也绝非将它看作禁区,不能越雷池一步。它确实排斥语法翻译法以智力训练为目的的问题解决方式,而且对形容词表或者动词形式表之类孤立的词形变化特征亦无青睐。课堂上或者教学材料中第一语言的使用,在听说法中亦不像在直接法中那样受到限制。直接法因缺乏语言学基础,不能在科学的指导下对语言资料分级而受到听说法倡导者的非难。

根据听说法,学习过程即习惯形成和条件作用的过程,其中没有认知分析的干预。换言之,在内隐—明示选择这个问题上,听说法倾向于采用内隐策略,而非明示策略,重点放在积极简单的练习上。其意图是减轻语言学习的负担,使之成为相对更省力的重复和模仿。听说法将对对话的记忆和模仿性重复作为具体的学习技巧引入语言学习中。此外,听说法还完善了句型操练(亦称结构操练或者句型练习)。类似操练虽然以前就有(如在帕尔默的著作中),但是在听说法中却成为一种基本特征,而且作为语言学习的一种技巧被多样化和精细化,这是以前所未有的。因此,听说法技巧似乎使语言学习不再需要很强的学术背景和倾向性。所推崇方式上的简单与直接,似乎使语言学习更接近普通学习者。进一步讲,口语在以前在很大程度上仅仅是语言学习中书本学问的点缀,在听说法中却走到了舞台的中央,而且使用录音和语言实验室操练的教学技巧,为学习者提供了进行听说练习的机会,使他们在不参与实际会话的条件下,以程式化的刺激与反应形式,演练日常语言对话。

五、视听法

通过视觉呈现的一个场景,乃是将学习者置于有意义的话语和语境中的主要手段。

(一)视听法的历史发展

这一方法在课程《法国声音与形象》(1961)的引言中有描述,而且正是在这个课程中,这种方法第一次应用于教学实践。其最新发展反映在雷纳与海纳尔(Renard and Heinle,1969)、法语传播研究及学习中心(CREDIF,1971)和《法国声音与形象》(Heinle et al,1974)中。

这一方法在20世纪50年代发源于法语传播研究及学习中心(CREDIF),是由居伯里纳(Guberina)和里旺(Rivenc)领导的团队集体研究和设计出来的。这一方法背后的原则在由法语传播研究及学习中心团队开发、出版的几种课程中得到应用,如以成年初学者为对象的法语教程《法国声音与形象》、针对儿童的类似教程《早安,莉娜!》以及修订版《法国声音与形象》。上述部分教程改编后在美国(Renardand Heinle,1969)和英国(Gross and Mason,1965)制作出版;根据相同的原则,加拿大以《加拿大对话》(*Dialogue Canada*)、Commissionde la function publique(公共功能委员会,1974—1977)为标题制作出版了一个新教程,供加拿大政府语言学校使用。法语传播研究及学习中

第四章 高校英语专业课程教学方法的探索

心的教学方法和教程,通过教师培训课程在世界各地得到广泛推广,后者最初是严格的视听法原则及其应用的培训课程。近年来,法语传播研究及学习中心团队提倡一种更为灵活的教学技巧观和教学程序观。

(二)视听法的理论依据

视听法的基础是语言学,其语法和词汇内容取自描写语言学研究,如基础法语。但是,跟其前身听说法不同的是,视听法强调语言的社会属性和情景性,语言首先是个体或者社会群体间的一种沟通、交流手段,因此,视觉形象的呈现并非可有可无的伎俩,而是旨在模仿语言使用的社会语境的手段。

这种方法所假设的学习过程跟格式塔心理学相契合,始于对情景的总体把握,逐渐过渡到具体的语言片段。这种方法坚持使用非分析性的学习方式,坚持明确界定的教学程序,对最佳语言学习方式有自己确定的假设。它鼓励学习者以整体方式来掌握从磁带上听到的,在幻灯上看到的具体语境中的语言表达。换言之,它不鼓励学习者对语言进行分析。同样,在法语语音或者语法教学过程中,编者坚持认为,语调、节奏模式和语义单位不能被分解得支离破碎。但是,练习的顺序跟听说法没有本质上的差异。然而,练习中的刺激是图画性质的,而且努力在有意义的语境中对所学的所有语言特征进行练习,不做无意义脱离语境的纯粹句型练习。

由法语传播研究及学习中心所发展起来的视听法,乃是现代为了解决语言学习问题而做出的非同凡响的努力。它将语言教学分为三个不同的层次,将语言学习置于简化了的社会语境中,从一开始就作为有意义的口语交际来教授语言。它用幻灯视觉和用录音机听觉呈现情景,取代了直接法使用的印刷文本,这是语言教学中一种新鲜的替代手段,也是 20 世纪 50 年代(即该方法刚设计出来时)为了利于语言教学对新技术的一种回应,同时也是一种负责任的利用新技术的方式。同听说法一样,其基础是公开申明的语言学和心理学原理。

视听法主要受到两方面的批评。视听法的很多教学技巧都借鉴了直接法,因此,同后者相似,前者表达意义有困难;幻灯的视觉形象并不能保证话语的意义不会被学习者误解。话语同视觉形象之间的对应,从理论上讲,是值得怀疑的,而且要面临一些实际的困难。另外一种批评是,方法所强加的刻板的教学程序,其基础是完全没有经过验证的关于学习顺序的假设。

（三）视听法的教学目标

可视化语言学习分为以下几个阶段:视听法尤其适应于第一阶段的学习,在这一阶段,学习者首先要熟悉基础法语中所规定的日常语言;第二个阶段主要培养就一般性话题连续交谈的能力,以及阅读一般小说和报纸的能力;第三个阶段是专业或者其他类型专门性话语的应用。视听法尤其适用于初始阶段的语言学习。

（四）视听法的教学技巧

从法语传播研究及学习中心教学方法发展起来的视听教学,由一系列精心设计但次序刻板的事件组成。开始上课,先是幻灯放映和录音播放。录音是程式化的对话和叙述性评论,幻灯的画面跟话语相匹配。换言之,视觉形象与言语相辅相成,共同构成一个语义单位。义群的意义在教学程序的第二个阶段,由教师采用指认、演示、选择性回听、问答等形式加以解释("阐释(explication)")。第三个阶段,重复对话数遍,通过多次回放录音和幻灯,或者通过语言实验室练习来熟练记忆。教学程序的下一阶段是发展阶段(development phase),亦称"运用(exploitation)"或者"转换(transposition)",学生逐渐从录音—幻灯播放中解放出来。例如,至此,幻灯的播放已经没有伴随的录音,要求学生回忆录音上的叙事评论,或者创造自己的评论配音；或者对场景的内容加以改编，并采用问答或者角色扮演手段，应用于学生本人或者其家庭、朋友。除了对场景全面的处理之外，每一课还包括语法操练时段，用于对录音和幻灯呈现的对话中出现的某个句型或者几个句型进行练习。语法和语音都得到练习，语言解释在授课过程中无足轻重。同听说法一样，阅读和写作教学被延迟，但是在适当的时候会得到应有的重视。

第二节　高校英语专业课程教学方法的创新

一、口语法和情景教学法

著名学者帕尔马（Harold E. Palmer，1877—1949）认为人有学得语言的天赋和学习能力，即人有学得语言的本能和学习语言的能力。他编写的 the Oral Method of Teaching Language（《口语教学法》）是他用于起始阶段的教学法体系。他强调滚雪球式的口语练习，由此培养下意识的英语习惯。口语练习体系有多种形式，如纯领会式练习、模仿领会式练习等。帕尔马的课堂教学共有六个环节。

（1）不看课文听口头引言。
（2）口头作业。
（3）阅读和语调练习。
（4）择要翻译和语法分析。
（5）背诵精选材料。
（6）笔头练习。

口语法和情景教学法的优点在于：
（1）强调语言情景的作用。"No context, no text." 这句话在这两种教学法中得到了具体的体现。
（2）重视整体结构的对话教学，既有利于培养口语能力，又能使课堂气氛活跃起来。

（3）强调在口语基础上培养书面语能力,恰好符合语言习得的过程。

（4）坚持用英语讲解英语,以培养语感。

这两种教学法的缺点在于：不利于深入理解、运用所学语言；过分强调整体结构感知和综合训练,忽视了必要的单项分析和训练。

情景教学法的著名英语教材是英国朗文出版公司出版的 *New Concept English*（《新概念英语》）（共四册）。这套教材从零学起,循序渐进地向中级和高级阶段发展,充分训练听、说、读、写四种技能,适合于中学、大学基础阶段或英语自学者使用。

二、听说法

风靡全球的 CIA 英语教学法就是听说法的具体体现,它是一种密集、短打式的训练,曾经在三个月内创造奇迹,使一个不敢开口、一句英语也不会讲的人,三个月后朗朗上口,与一般美国人无异。CIA 英语教学法,是美国中央情报局（Central Intelligence Agency）训练情报人员时使用的一套特殊语言记忆法,这种方法已推行到全美各大学和各语言学校当中。

这种教学法主要有两种方式：

第一步,选择一组对话做直觉训练。每一句都先念,学生不看课本也跟着念,训练好听力；如此一直重复地念,直到学生不加思索即能脱口而出。

第二步,必须把本组会话内容倒背如流,两名或多名学生再根据这个内容不断变换角色交谈,训练临场感觉和立即反应能力。

按照这两个步骤,5 分钟就能学会一个实况,而且能马上说、马上用,效果立即验收。CIA 英语教材中的对话精彩简洁,以便直接激发读者学习英语的潜能；每组情节都列出关键句,以便能迅速掌握主题,活学活用。下面是一个简单对话的教学示范：

第四章　高校英语专业课程教学方法的探索

第一步：

May I speak to Mary, please?（老师读,学生不看课本跟着说）

Speaking.（老师读,学生不看课本跟着说）

第二步：

May I speak to Mary, please?（老师问）

Speaking.（学生答）

May I speak to Mary, please?（或一个学生问）

Speaking.（另一个学生答）

然后不断交换角色,重复至熟练为止。

听说法的教材有弗里斯编写的 *English Pattern Practiced*（《英语句型操练》）《美国英语教科书》。20 世纪 60 年代和 70 年代按听说法编写的教材逐渐增多,比较著名的有 *English 900*（《英语 900 句》）和 *Success with English*（《英语成效》）。

听说法教材的共同特点是：

（1）以对语言的科学的描写性分析作为编写教材的依据。

（2）以句型为中心材料。

（3）初学阶段的教材着重强调语音和结构,其次才是词汇。

（4）要学习人们日常说的口语。

（5）教材中有大量的、机械式的听说操练。

三、功能交际法

功能交际法又称功能法或交际法。功能交际法是以语言功能——意念项目为纲培养语言能力的一种教学法。它的主要教学思想是：交际功能是语言在社会中运用的最本质的功能,交际功能也是英语教学最根本的目的,即在教学实践中根据学生要表达交流什么思想观念,就选学能够负载这些思想观念的言语形式和语言规则,也就是说内容决定形式。交际法的主要代表人物有特里姆（Trim）、范·埃克（J.A. Vanek）、威尔金斯（D.A. Wilkins）、威多森（H.G. Widdowson）和亚历山大（L.G. Alexander）等。

把培养语言的交际能力作为主要的教学目标是学者们比较一致的看法。交际能力(communicative competence)的概念是海姆斯(D. Hymes)针对乔姆斯基关于语言能力的概念提出来的。乔姆斯基的语言能力实际是指语言知识,而交际能力是指利用语言知识来表达意义的能力。这种能力不仅指关于规则的语言知识,而且具有创造性的特征。

威多森1978年写了一本书,题为 Hacking Language as Communication (《作为交际的语言教学》),到了1984年,他认为这种说法容易引起误解,好像教师的任务在于保存语言的交际特征并把它讲授给学生,于是改为 Teaching Language for Communication (《为了交际的语言教学》)。这种提法强调教学目的,即达到交际目的。

功能交际法重视教学大纲的研究。为了适应不同学习者学习英语的需要,在英国首先提出了"专门用途英语"(English for Specific Purposes),也是从教学大纲的角度提出问题的,学生只需在自己的本专业范围内进行意念和思想的交流所必需的英语表达形式和用法的训练。这一观念的提出是突出交际功能的具体体现。

功能交际法的著名英语教材是《跟我学》,是由BBC英语教学部、英国朗文出版公司协同西德电视台、西德民间学校委员会和欧共体合作委员会编制的电视英语教学片,它的教学对象是基本不懂英语的成年人,通过两年学习使他们达到《入门阶段》的要求。这套教材是根据交际教学大纲《初阶》和《入门阶段》等编写的,它的出发点是根据学生口头交际的需要,培养和掌握英语交际能力。

四、自觉实践法

自觉实践法是苏联20世纪60年代初期为矫正原先的自觉对比法的弊病而提出的一种新的改革法。它的最大特点是突出

第四章　高校英语专业课程教学方法的探索

英语教学的语言实践倾向性，以保证学生实践掌握外语，同时又继承和保留了苏联教育的重要传统——自觉性。自觉实践法的创始人是苏联著名的心理学家别里亚耶夫。

20世纪50年代后期，苏联英语教学界对20世纪40年代开始采用的自觉对比法提出了尖锐的批评，认为这种方法偏重语言理论知识的讲解，过多地使用翻译和对比，忽视英语实践能力尤其是口语能力的培养，已经远不能适应当时社会对英语日益增大的需要。在这样的历史条件下，自觉实践法应运而生，它一方面借鉴欧美流行的听说法、视听法的长处，另一方面吸收苏联现代语言学、心理学的成就逐渐发展起来。

自觉实践法的教学原则是：

（1）交际性原则。这是20世纪70年代的自觉实践法区别于20世纪60年代刚形成的自觉实践法的主要标志，因为它把"英语教学的言语实践倾向性"进一步提高为"交际性"。由此得知：所谓实践，不只是一般的语言实践，而是具有交际性的言语实践。交际性原则被明确规定为自觉实践法带有根本性的头条原则和主导原则。

（2）自觉性原则。这是20世纪40年代自觉对比法的主导原则，自觉实践法对此有所继承，但也有所修正和发展，而且没有把它放到主导地位。只要学生懂得所学语句的含义，并知道该句在何种交际场合下使用，即使他们不会对语法进行分析，也可算作"自觉"。从这些主张也可看出自觉实践法对交际的重视。

（3）情景性原则。心理学证明，如果掌握外语的过程能最大限度地接近真实的交际情景，自动化的熟巧便能更快地形成。因此，主张在课堂上应多利用情景进行教学，仿照真实的交际情景组织语言材料，由交际情景决定句型的选择，这也是为交际性原则服务的。

（4）口语领先原则。在强调这一点的同时强调听、说、读、写并进。自觉实践法认为，只有首先通过口语掌握语言材料，才能为听、说、读、写同时并进创造条件。口语领先的具体做法因教学目的和阶段的不同而有所不同,但在入门阶段一般没有口语导论课。

(5)考虑本族语原则。要利用本族语在知识、熟巧和技能方面的积极迁移作用,克服本族语的干扰。在课堂教学中利用本族语要有一定限度,不可滥用翻译和对比。只有在使用其他手段揭示词义无效时,才使用翻译;只有在必要时,才进行两种语言的对比。

(6)综合性原则。英语课具有综合教学的性质,因此,应以综合教学为主,单项(语音、语法、词汇)教学为辅,把句子作为教学单位,在句法的基础上学习词法。初级阶段强调按句型体系安排教材。

(7)直观性原则。要求在各个教学阶段,广泛而系统地应用视觉、听觉、教具及其他教学技术手段,以保证学生对所学语言现象形成正确的概念。

(8)圆周式安排教学的原则。要求按几个教学阶段来安排教材,必须考虑是否每一个词汇和语法现象在现实交际和语言体系中都具有典型性和代表性,是否能够举一反三。最初,只安排语法范畴的基本意义和语法意义的典型表达手段,次要的意义、不太典型的用法和表达手段则安排到下几个阶段。这样,便可以保证从教学最初阶段起就能把语言作为交际工具来使用。这一原则一般分为初级、中级、高级三个阶段。

(9)考虑语体原则。这条原则实际上是交际性原则的延伸。以交际为目的的语言活动的结果,都是以语言作品的形式表现出来的,而真实的言语作品又都是带有一定的语体色彩的。例如,政论体、科技体、文艺体等。进行语言活动的人究竟采取何种语体,取决于交际目的、场合、社会身份等一系列复杂因素。总之,真正的语言作品从来都是具体的,都是以一定的语体表现出来的。因此,英语教学在一开始就应注意到语体问题,教给学生的材料都应力求带有一定的语体色彩。

自觉实践法的优点是吸收了直接法的实践性和视听法的情景性,改造了自觉对比法的自觉性,重视功能法的功能性和交际情景,它所提出的教法原则都值得我们借鉴。它的问题在于各种原则是否能够有机地结合起来;在领会知识、言语交际的过程中如何进行心理认识活动过程,也有待进一步研究。但不管怎样,自觉实践法体现了现代英语教学走向折中的趋势,并曾为世界上80多个国家的英语教学界所采用,为英语教学发展做出了贡献。

自觉实践法的代表英语教材是斯塔尔科夫等人编写的《英语课本》。斯塔尔科夫是自觉实践法学派中有名的实干家,他的这部教材在20世纪60年代苏联的英语教学改革中起着开路先锋的作用。以该书第一册的内容为例:第一单元是口语入门课,为时半个学期;第二单元教字母表以及字母的手写体和印刷体;第三单元过渡到四会并举阶段。语法规则不做专门的单独讲授,而是融于每课课文之中。

六、社团学习法

社团学习法是20世纪60年代初由神父克伦(C. A. Curran)创立的。克伦毕业于美国芝加哥洛约雅拉大学心理学系。他从人们的心理动力学角度研究成人的学习,特别是成人学习英语的方法。在教学过程中通常采用小组集体学习的形式,故称社团学习法或集体学习法。社团学习法把师生关系看作医生和病人的关系,因此,病人、顾客和不知者就要向医生、顾问和知道者请教,所以,也有人称此法为咨询法或顾问法。

社团学习法以心理疗法为理论基础,研究心理疗法能否减轻成年人对英语学习的负担。人们在社会中共同生活,需要让人了解和获取他人的帮助,学习者在学习英语过程中遇到的问题和人们在心理疗法和心理咨询过程中遇到的问题异常相似。因此,克伦把学习英语过程比拟成病人向医生咨询病情,需要取得医生了解和帮助的过程。他倡导师生间要有创造性关系,这种师生间的相互信任和相互支持就能够为学生建立一个舒畅的学习环境,使学生能够充分发挥他们的主观能动性。

社团学习法认为学习是有价值的学习,即学生自觉不自觉地投入学习。投入学习的动机是由学生本身或文化、家庭、家教等需求所决定的。学生像病人得了病似的,向教师咨询,期望得到满意的答复,这是学生自身追求的目的,也正是投入学习的动力。成年人对新知识存在着固有的阻力,他们一开口总是习惯讲母语,而不是用外语交际。原因是缺乏自信,害怕说错丢面子。所以,英语教师在英语教学的开始要创造一个安全的环境,使学生仿佛回到了童年时代,相信教师并愿意学习陌生的声音和结构,减少抵触情绪。

社团学习法在教学组织上坚持学生应该在学习小组中进行言语交际活动,就像他们在日常生活中进行会话一样,只不过刚开始使用的言语是由教师提供的,随着学生独立使用语言能力的提高,就会出现词语及语言材料内化的现象,最终达到自由地表达,使学生在安全舒畅的小组环境中一起学习,加强全组学生的相互热情支持和浓厚的责任感。这样安全地、恳切地集中学习语言的方法才能真正体现人们学习的真谛。社团学习法的教学过程大致可以分为体验和反省两个阶段。体验主要指学生学习英语,用英语进行问答和讨论,开始有教师来帮助,逐步过渡到完全由学生自己进行独立活动;反省主要是指评价个人和小组集体学习法的表现。

社团学习法的优点是重视集体学习的效果,重视英语教学中人的学习价值、积极因素和心理特点,同时重视在实际运用中培养学生的交际能力,破除了传统教学中过分强调以教师为中心的观点,强调学生的主观能动性和潜在学习能力的发挥。它的缺点在于让教师只发挥顾问作用,这对教师的主观性和创造性有所低估,对语言知识的指导也略显不足。

第五章 高校英语专业课程教学的文化转型探索

随着文化全球化的深入发展,世界上各个国家的教育中都开始重视对文化知识的传授,让学生充分了解国外文化知识内容,有助于拓展学生的国际视野,树立正确的文化价值观念。对于我国而言,文化教学在英语教学中的渗透是最佳途径之一。

第一节 高校英语文化教学分析

一、英语文化教学知识介绍

(一)文化知识

1. 文化的界定

"文化是什么?"这是文化研究、文化比较、语言人类学及文化人类学等研究领域都需要面对的元命题。然而,长期以来,人们对"文化"这个似乎时常挂在嘴边、运用自如的普通术语的定义、阐释却是众说纷纭,难以给出定论。正如美国人类学家阿尔弗雷德·克鲁伯(Afred Kroeber)和克莱德·克拉克洪(Clyde Kluckhohn)在《文化:关于概念和定义的检讨》中所说:"在这个世界上,没有别的东西比文化更难以捉摸。我们不能分析它,因为其成分无穷无尽;我们不能描述它,因为其形态千变万化。

当我们要寻找文化时,它仿佛是空气,除了不在我们手中以外,它无所不在。"那么,"文化"的定义有多少种呢?

克鲁伯和克莱德·克拉克洪对文化概念进行了专门探讨,在《文化:关于概念和定义的述评》一书中梳理了从泰勒提出文化定义的 1871 年到 1951 年这 80 年间西方学者关于文化定义的诸多文献资料,共收集到文化的定义 164 个。从那以后直至今天,各种新的定义有增无减、不计其数。"这一方面说明人们对文化内涵的认识与研究尚在不断深入,另一个重要原因则是人类的文化现象本身的涵盖太广,它似乎无所不在,无穷无尽,人们常常只能从某一特定的层面或角度来对它加以把握和研究,不然将由于对象过于宽泛而难以着手。"因此,为了便于表述,我们把"文化"的定义分为狭义和广义两种。我们先从语义分析入手,对文化的多重含义与特征进行梳理,借此寻找一个切入点来理解狭义的"文化"定义,继而阐释广义的"文化"。

(1)"文化"的狭义定义

汉语中的"文化"一词,由"文"和"化"组成。"文"是象形字,"化"是会意字。查《说文解字》《说文·文部》说:"文,错画也。象交文。凡文之属皆从文。"意思是:文,交错刻画(以成花纹)。像交错的花纹的样子。大凡文部属都从文。可见,"文"的本义是各色交错的纹理,查阅文献,我们会发现,用这个本义的如《周易·系辞下》里的记载:"物相陈,故曰文。"

又如《礼记·乐记》中写道:"五色成文而不乱。"在此基础上,"文"又有多个引申义。我们参考张岱年、方克立主编的《中国文化概论》的"绪论"来看,"文"的引申义如下:

其一,为包括语言文字在内的各种象征符号,进而具体化为文物典籍、礼乐制度。《尚书·序》所载伏羲画八卦,造书契,"由是文籍生焉";《论语·子罕》所载孔子说"文王既没,文不在兹乎",是其实例。

其二,由伦理之说导出彩画、装饰、人为修养之义,与"质""实"对称,所以《尚书·舜典》疏曰:"经纬天地曰文。"《论

第五章 高校英语专业课程教学的文化转型探索

语·雍也》称:"质胜文则野,文胜质则史,文质彬彬,然后君子。"

其三,在前两层意义之上,更导出美、善、德行之义,这便是《礼记·乐记》所谓"礼减而进,以进为文",郑玄注"文犹美也,善也",《尚书·大禹谟》所谓"文命教于四海,祗承于帝。"

我们再看"化",《说文·匕部》曰:"化,教行也。从匕,从人,匕亦声。"意思是:化,教化实行。由匕、人会意,匕表声。"化"的本义为变化,如《庄子·逍遥游》曰:"化而为鸟,其名为鹏。"又如《周易·系辞下》曰:"男女构精,万物化生。"后来,引申为教化之意,如王充的《论衡·佚文》曰:"无益于国,无补于化。"

"文"与"化"并联使用,较早出现在战国末年,但是,两者还没合成为一个词。《周易·贲》曰:"观乎天文,以察时变;观乎人文,以化成天下。"意思是说,治国者观察天文(天象),即天道自然规律,以了解时序的变化;观察人文,即人类社会的各种现象,以用教育感化的手段来治理天下。在这里,"人文"与"化成天下"紧密联系,治理天下、"以文教化"的思想已经很明确了。

汉代出现"文化"一词,刘向的《说苑·指武》曰:"凡武之兴,为不服也;文化不改,然后加诛。"这里的"文化"一词,指的是与国家的军事手段即武功相对的一个概念,这是我们通常理解的文治武功,国家的文教治理手段。

《文选·补亡诗》中所记载的"文化内辑、武功外悠"中的"文化"一词也是这个意思。

通过以上对"文化"的词义分析,我们逐渐接近了"文化"一词所指的狭义的定义。继续深挖"文化"的词义及其发展脉络,正如程裕祯在《中国文化要略》中所言:唐代的孔颖达则别有见地,他在解释前引《周易》中的那段话时认为:"圣人观察人文,则诗书礼乐之谓。"这实际上是说,人类社会的文化,主要是指文学艺术和礼仪风俗等属于上层建筑的那些东西。古人对"文化"概念的这种规定性从汉唐时代起,一直影响到明清。因此,顾炎武在《日知录》中说:"自身而至于家国天下,制之为度数,发之为音容,莫非文也。"即人自身的行为表现和国家的各种制度,都属于

"文化"的范畴。可见,中国古代的"文化"概念,指的是狭义的精神层面的东西。

苏联哲学家罗森塔尔·尤金在其编写的《哲学小词典》中指出:"从比较狭隘的意义来看,文化就是在历史上一定的物质材料生产方式的基础上发生和发展的社会精神生活形式的总和。"

我国1979年出版的《辞海》基本上采用了该说法。2015年出版的《现代汉语词典》(第6版)在解释"文化"的定义时指出:"特指精神财富,如文学、艺术、教育、科学等。"查阅《中国大百科全书》,其指出:"狭义的文化专指语言、文学、艺术及一切意识形态在内的精神产品。"

1871年,英国人类学家爱德华·泰勒(Edward B. Talor)在《原始文化》一书中指出:"(文化是)包括知识、信仰、艺术、道德、法律、风俗及作为社会人员的人所习得的任何其他能力和习惯在内的复合整体。"这是狭义的"文化"的经典定义,是一个里程碑,具有深远的影响力。

学者们对文化的定义还有很多。例如,文化是由人类的反思性思维发展出来的积累性结构。实施这种思维的机制是每个人的内在素质的一部分;文化因素的积累主要是这类反思性行为在语言和客观性物质操作中的表达。

综上所述,狭义的"文化"指的是人精神层面的东西,如人的精神、思想、信仰、道德、观念、情感等。然而,表面上,这些精神层面的东西是看不见、摸不着的,它们需要一定的外在的载体、媒介来体现,如某种(某些)具体的物质、语言、音乐等。或者,换言之,语言是一种特殊的文化。

(2)"文化"的广义定义

大致理顺了"文化"的狭义定义以后,我们接着来看看广义的"文化"。我们先从西方词源上来梳理"文化"一词的词义。"文化"一词,德语为kultur,英语为culure,源自拉丁语词culura,原意为耕作、培养、教育发展、尊重的意思。而拉丁语culura又是由拉丁语culus演化而来的。cultus含有为敬神而耕作与为生计而耕作两个意思,因而该词具有物质活动和精神修养两个方面的含义。

可见,"文化"的词义既包括物质生产活动,又包括精神方面的内涵。梁漱溟先生指出:"文化,就是吾人生活所依靠的一切。"他在《东西文化及其哲学》一书中说道:据我们看,所谓一家文化,不过是一个民族生活的种种方面,总括起来,不外三个方面:精神生活方面,如宗教、哲学、科学、艺术等是。宗教文艺是偏于情感的,哲学、科学是偏于理智的。社会生活方面,我们对周围的人——家族、朋友、社会、国家、世界——之间的生活方法都属于社会生活一方面,如社会组织、伦理习惯、政治制度及经济关系是。物质生活方面,如饮食、起居种种享用,人类对于自然界求生存的各种是。

如同梁漱溟先生这样的观点,在苏联及我国的词典、百科全书中,"文化"一般被称为广义的"文化"。苏联哲学家罗森塔尔和尤金在其编写的《哲学小词典》中也指出了"文化"的广义定义,即"文化是人类在社会历史实践过程中所创造的物质财富和精神财富的总和"。我国的汉语词典、百科全书等大都采用此说法,如《中国大百科全书》中指出:"广义的文化是指人类创造的一切物质产品和精神产品的总和。"又如,2015年出版的《现代汉语词典》(第6版)在解释"文化"的定义时指出,文化是"人类在社会历史发展过程中所创造的物质财富和精神财富的总和"。

1997年出版的《牛津高阶英汉双解词典》(第四版)对"文化"一词相对应的"culture"的解释为:refined understanding and appreciation of ant, literature, etc.(文化)对于文艺等的深刻的了解和鉴赏;state of intellectual development of a society 一个社会智力发展的状况;particular form of intellectual expression, eg. in art and literatures 文化(智力表现的形式,如体现于文艺方面);customs, arts, social institutions, etc. of a particular group or people 某群体或民族的风俗、人文现象、社会惯例等;Development through training, exercise, treatment, etc. 锻炼,训练,修养;

Growing of plants or rearing of certain types of animal (eg. bees, silkworms, etc.)to obtain a crop or improve the species（植物的）栽培；（动物，如蜂、蚕等，良种的）培育；……

可见，culture 一词有多重含义，既包括精神活动领域，又包括人类物质生产活动。2004 年出版的《牛津高阶英汉双解词典》（第6版）对"文化"一词相对应的 culture 的解释有所变化，在每一项释义前单独列出了概括式的解释，并用大写、蓝色字体标明，如下：

WAY OF LIFE 生活方式。

the customs and beliefs, art, way of life and social organization of a particular country or group 文化，文明（指国家或群体的风俗、信仰、艺术、生活方式及社会组织）。

a country, group, etc. with its own beliefs, etc. 文化（指拥有特定信仰等的国家、群体等）。

ART/MUSIC/LTTERATURE 艺术；音乐；文学。

art, music, literature, ete., thought of as a group 文化（艺术、音乐、文学等的统称）。

BELIEFS/ATTTUTDES 看法；态度。

the beliefs and attitudes about sth. that people in a particular group or organization share 文化（某群体或组织的一致看法和态度）。

GROWING/ BREEDING 种植；养殖。

(echnical 术语)the growing of plants or breeding of particular animals in order to get a particular substance or come from them 种植；栽培；养殖；培育；……

值得注意的是，以上英汉双解释义除了包括狭义的"文化"，即精神活动领域，也包括种植、栽培等人类物质生产活动，还增添了一个释义"文明"，在解释英文时，用汉语写了"文化""文明"这两个词，言下之意是，culture 指的是汉语中广义的"文化"，与汉语中的"文明"词义更为切近。

第五章 高校英语专业课程教学的文化转型探索

要全面把握"文化"这一术语的定义及其在运用中的变化,我们还需理解一个与它关系极其密切的概念——"文明"。从词源学上追溯"文明"一词的来龙去脉,可参考徐行言在《中西文化比较》中的论述:汉语中文明一词早在《尚书》和《易经》中即已出现。《尚书·舜典》称舜帝"浚哲文明,温恭允塞,玄德升闻,乃命以位"。其疏曰:"经天纬地曰文,照临四方曰明。"《周易·乾·文言》中有"潜龙勿用,阳气潜藏。见龙在田,天下文明"之句,孔颖达解释为"天下文明者,阳气在田,始生万物,故天下有文章而光明也"。另《周易·大有·象》有"其德刚健而文明,应乎天而时行,是以元亨"。《周易·贲·象》曰:"刚柔交错,天文也。文明以止,人文也。"其含义均近于文采光明,文德辉耀。至清初李渔《闲情偶记》中"求辟草昧而致文明,不可得也"之句,始隐含与蒙昧相对的有文化状态的意味。

通过以上梳理,我们大致了解"文明"一词囊括了对物质方面和精神方面都进行创造的双重意义,接近于今天人们通常理解的广义的"文化"。借此我们也就理解了为什么古代中国、古埃及、古巴比伦、古印度被称为四大"文明古国",而不称为"文化古国"。

需要指出的是,"文化"一词在现当代的广泛运用,尤其是在学术研究如文化研究、人类学研究(特别是语言人类学、文化人类学等)、比较研究等方面,与西方的文化理论、人类学理论等相关思潮紧密相连。1871年出版的《原始文化》中的"文化"定义被视为具有里程碑意义的经典,其作者即英国人类学家爱德华·泰勒,他被称为"英国人类学之父"。自人类学诞生之日起,文化的概念一直都是人类学的基础。马林诺夫斯基认为文化是具有满足人类某种生存生活需要功能的"社会制度",是人们推行的一套有组织的风俗与活动的体系。他认为文化主要包括:物质文化、精神方面之文化、语言、社会组织。文化的功能就是满足人民生产生活各个方面的诸多需要。

著名的语言学家萨丕尔(Sapir),同时也是人类学家,他对"文化"的概念作了如下论述:

"文化"这个词似乎有三个主要的意义或意群。首先,文化被文化人类学家和文化历史学家专门用来涵盖人民生活中的所有社会继承元素,包括物质的和精神的。"文化"的第二种用法流行更为广泛。它指的是一个相当传统的个人修养的理想。这种理想建立在少量被吸收的知识和经验之上,主要由一组典型反应构成,这组反应须被某一阶层、某一长期存在的传统所认可。文化的第三个用法最不容易定义,也最难给出令人满意的阐释。这可能是因为就连那些使用它的人也很少能够解释清楚他们所说的文化到底是什么意思。第三种意义上的文化与第一种专门意义上的概念相似,强调群体而非个人所拥有的精神财富。

可见,萨丕尔更偏向从人类学学科角度来理解"文化"的定义,同时,他既讲了广义的文化,也说了狭义的文化,他所指出的"文化"的三种定义都具有社会属性。

被称为"美国人类学之父"的博厄斯(Franz Boas)及其学生们如米德、本尼迪克特等对文化相对论、文化模式等的研究影响深远。

当代著名的美国人类学家克利福德·格尔茨(Ciford Geertz)在《文化的解释》一书中对克拉克洪所梳理的文化定义做了概括:泰勒式琐碎的文化概念可以导致的概念困境,在仍然作为普通人类学导论佳品之一的克莱德·克拉克洪(Clyde Kluckhohn)的《人类之镜》中,显而易见。在大约27页的关于文化概念的章节中,克拉克洪设法把文化逐次定义为:"一个民族的全部生活方式""个人从他的群体所得的社会遗产""思维、感觉和信仰方式""源于行为的抽象""人类学家关于一个人类群体的真正行为方式的理论""集中的知识库""对多发问题的一套标准化适应方式""习得行为""调节和规范行为的机制""造应外部环境及其他人的一套技能""历史的沉淀"。

格尔茨在论述了前人研究成果后指出:"文化就是这样一些由人为自己编练的意义之网。"从而,把所有与人(马克斯·韦伯提出,人是悬挂在由自己所编织的意义之网中的动物)相关的都

第五章 高校英语专业课程教学的文化转型探索

置于这张"网"中,探求其意义并加以解释、析解(explication),即分析解释表面上神秘莫测的社会表达。详细论述可参看格尔茨在《文化的解释》一书中所写的:

> 我所采纳的文化概念本质上属于符号学的文化概念……我与马克斯·韦伯一样,认为人是悬挂在由他们自己编织的意义之网上的动物,我把文化看作这些网,因而认为文化的分析不是一种探索规律的实验科学,而是一种探索意义的阐释性科学。我追求的是阐释,阐释表面上神秘莫测的社会表达方式。

综上所述,广义的"文化"涵盖面非常广泛,指的是人类社会发展过程中创造的物质财富和精神财富的总和。用通俗的话来说,我们可以概括为:人所创造并共享的一切活动及其结果都是文化。需要说明的是,我们在此梳理、划分文化的狭义和广义定义,仅是为了行文表达的方便,二者是相对的,不能把它们割裂开来。在逻辑上,狭义的文化从属于广义的文化,与后者存在着不可分割的联系。在具体研究人的精神层面的东西时,不能忽略物质创造活动的决定作用和基础意义。这是历史唯物主义文化观及方法论的一个基本要求。

2. 文化的特性

无论"文化"有多少种定义,无论是"文化"狭义的还是广义的定义,都不影响文化的特性。

(1) 文化的核心是人

文化的核心是人。是人创造了文化,也只有人才能创造文化。文化是人类特有的。文化是人类智慧和创造力的体现。人(作为社会成员的人)创造、形成并运用、共享文化,同时也受约束于文化,被文化形塑,最终又要不断地改造发展文化。如果没有人的主动创造和改变,文化便会失去生命、活力和光彩。因此,我们在讨论语言与文化时,一定要通过语言看到语言背后的人——语言的使用者,包括说者和听者,双方的文化对语言交流有一定的影响。

（2）文化是后天习得的

1871年，泰勒在《原始文化》一书里给出的文化定义中，最关键的一点是文化"作为社会成员的人所习得"。习得，指的是通过后天学习而获得，而非通过先天遗传，这样的习得是在特定的社会成长中获得各种文化传统、文化属性。文化人类学把孩子学习文化的过程称为"濡化"。可以习得的文化经过濡化过程而代代相传。有时候，文化被直接传授。例如，父母教育孩子说，小孩子要懂礼貌，见到认识的人要喊人，要懂得恰当地称呼对方"爷爷/奶奶""叔叔/阿姨""哥哥/姐姐"等。

（3）文化是共享的

文化并不是个体自身的属性，而是个体作为群体成员的属性，文化只有在社会中才得以传递、共享。《人类学——人类多样性的探索》一书第13章有专门讲"文化"属性的内容，讲解精辟而通俗易懂："分享共同的信仰、价值观、回忆和期望，把成长在同一文化中的人们联系起来。通过为我们提供共同的经验，濡化过程把人们统一起来。"

今天的父母都是昨天的子女。从父母那里接受濡化过程的子女们当了父母之后，他们就变成了下一代子女濡化的媒介（传播者、传授者）。虽然文化并非一成不变，但是，这种基本的信仰、价值观、世界观及子女教育实践却是长久保持不变的。而且，共享的文化背景是非常有影响力的。我们看到，在异国他乡，人们都更愿意、也更容易与跟自己来自同一国家、地区的人交往。正如美国人类学家康拉德·菲利普·科塔克所言："长着同样羽毛的鸟儿常常聚集在一起，对于人来说，文化就是人类自己的羽毛。"

（4）文化是象征的

象征，对文化及人类其他方面的习得都是非常独特而重要的。"象征是某种口头或非口头的事物，在特定语言或文化中，用来表示另外的某个事物。象征及其指代物之间没有明显的、天然的或者是必然的联系。"例如，有一种动物，在汉语里我们称为"狗"，英语里称为dog，其他语言里又有其他的叫法，这些叫法之

第五章 高校英语专业课程教学的文化转型探索

间没有天然的关联。象征通常是基于符号的,文化中最重要的符号就是语言,即用词语代替具体指代的对象。不使用语言,人们无法让一个不在场的人较为清楚地了解事件、情感及其他经历。

当然,除了语言,象征也有非语言形式的符号体系,例如,五星红旗代表我们中华人民共和国;交通路口设置的红绿灯,红灯停,绿灯行;商场里商品的价格只需表示数字就可以了,而不是真的拿现金摆在商品旁边来体现等。以象征的方式思考、运用语言并使用工具和其他文化形式,以组织、适应自己的生活并协调周围的环境,这是人类生活的常态,其中,象征的重要性非同一般。美国人类学家格尔茨就将文化视为一种象征体系。

（5）文化是整合的

文化是整合在一起的模式化的系统。如果这一系统的某部分发生了变化(如经济、社会方面),其他部分也会相应发生变化。以前我们有句俗话说"早发财不如早生子",在民间,特别是农村,女性多会在二十多岁结婚、生子。今天,我们也会在婚礼上祝福新婚夫妇"早生贵子"。但是,晚婚晚育已经变得越来越普遍了,尤其是在大城市。人们对婚姻、家庭的态度和行为的变化与社会发展、经济变迁等是分不开的。因此,文化并非孤立的,而是整合的。

（6）文化是民族的、地域的

不同的民族、族群由于其赖以生存、生活的自然条件的差异以及由于地缘延伸而带来的不同文化共生关系的影响,往往会形成不同的思想价值体系、思维模式和行为方式等。在此基础上,便产生了使某个社会群体区别于其他社会群体的文化特质,在一定的条件、范围等的多重作用下,就可能由此形成一种独特的生活方式、思维方式甚至文化形态。正如美国人类学家鲁斯·本尼迪克特(Ruth Benedict)所言,文化是通过某个民族的活动而表现出来的一种思维和行动方式,一种使这个民族不同于其他任何民族的方式。

（7）文化是动态的过程

作为思维、行为等相互作用的一套系统，文化自然不是一成不变的。美国人类学家哈维兰（Haviland, W. A.）等著的《文化人类学：人类的挑战》一书中把"文化的特性"设为专门的一章即第 2 章来讲述。其中讲了"文化是动态的过程"，记述如下：

文化是一个对其外部的动作行为有所反应的动态系统。当系统内部的某个元素转移或变化时，与受到外界施加的压力一样，整个系统会努力进行调整。为了恰当运行，一种文化必须拥有足够的灵活度，以便在面临不稳定或变化的情况时做出调整。随着经济发展，社会在不断变化，我们的生活也发生了日新月异的变化，文化也随之变化。在本书的后面几章，我们将会深入探讨更多文化的特性，我们会列出一些汉语中每年都被人们熟练运用的网络新词，与此同时，有些词语及其用法因在实际生活中不再被使用而消失，由此，词典里的词汇也在变更、刷新，等等。

文化涵盖的内容广泛、意义丰富，其属性众多，如我国著名学者吕必松在其《对外汉语教学概论讲义》中列出了文化的四个属性：民族性；社会性；系统性；阶段性。其具体内涵在此无法一一列举出来。

（二）英语文化教学的现状

语言与文化有着密切的关系，因此在英语教学中融入文化有着非常重要的意义。在早期的英语教学中，跨文化交际教学的目的在于让学生理解目的语文化，因此教师教授的也多为目的语文化知识及其相关背景。随着研究的深入，跨文化交际教学的内容也发生了改变，将文化态度、文化观念等内容也容纳进去，这时跨文化交际教学的目标也相应发生改变。

1. 频繁的跨文化接触

随着人类社会不断进步与发展，人类的生活向着更加开放的方向发展，不同国家、不同民族可能因为生存的需要，或者是因为

第五章 高校英语专业课程教学的文化转型探索

偶然,彼此之间不断交往,并且这种交往变得更加频繁。因此,跨文化交际产生。如果人与人之间的交往是早期的交往形式,以民族化作为特征,那么国家之间的交往就具有国际化或者地域化的特征,从而逐渐转向全球化。随着当今科技的迅猛发展,不同国家与民族之间的交往更加频繁与紧密,这也成了民族兴旺发达的一项重要内容。因此,这也促进了从文化视角研究教学的可能性。

2. 教学具有明显的功利性

基于传统教育体制与理念,我国的英语教学呈现了明显的功利性特色,即考试考什么,教学内容就教授什么。这种传统在初中、高中表现得极其明显。在实际的教学中,教师过分关注语言知识的传授,很少将文化知识纳入其中展开教学。

受这一思想的影响,不管是教师,还是学生,都将教学的目标看作通过考试,教师的教学主要是为了英语过级服务。当然不得不说,这有助于学生提升自身的应试技能,却让他们很难学习到文化背景知识。

3. 文化碰撞实战演练较少

我国学生都是在母语环境下学习英语的,这种学习效果显然不如在目的语环境中学习。也就是说,我国学生在学习英语时由于缺乏外语学习氛围与环境,很少与异域文化进行碰撞与接触,这就导致他们的实战操练机会很少。

例如,很多学生在学习西餐时都会学习"开胃菜"这个词,背诵了几遍就记住了"开胃菜"的单词与意义,但是对于其到底是什么,很多学生并不清楚。但是,如果学生是在目的语环境下,他们只要参加一次,就很容易了解与把握。显然,外语文化环境的缺乏导致学生的英语学习事倍功半。

(三)英语文化教学的任务

外语教育的文化立场作为外语教育的一种基本策略与思维方式,并不意味着在语言知识中简单嵌入文化因素,而是将语言知识与文化知识整合起来,更好地融为一体展开教学。显然,外语教育的文化立场的意蕴显现出来。

1. 实现外语教育的文化立场转向

外语学习不仅是一种语言学习,更是一种对多元文化认识与理解的过程。单一的语言学立场容易造成语言与文化的分离。众所周知,语言与文化是并存、共生的,二者是密不可分的关系,语言是突出部分与表现形式,是文化的载体与产物。世界上没有不反映文化内容的语言,也没有与语言无关的文化。语言本身就属于一种文化现象。一个民族的文化在其民族语言中隐藏,因此语言结构具有民族文化的通约性。如果不了解语言中的社会文化,那么就很难真正地理解语言。因此,就本质上说,语言教学与文化教学有着密不可分的关系,语言教学本身应该将文化内容纳入其中来讲授。而且,学生通过对文化知识的学习,能够了解不同的思维方式与风俗习惯,拓展他们语言学习的知识面,提高自身的文化修养。

2. 克服单一的语言知识教学的局限性

外语教学不仅是一种文化教学,更是跨文化视角下的文化回应性教学。所谓文化回应性教学,即要求在教学目标上培养学生尊重其他文化的态度与意识,帮助学生形成自身文化的自豪感与认同感,使学生能够从不同视角出发对同样的事件和经验加以审视与理解,提升自身对文化差异的鉴赏力。外语学习其实属于一种跨文化学习。外语与母语有着不同的价值观、不同的文化背景,因此在外语教育中,教师需要引导学生在了解语言符号知识的基础上,对不同的文化立场与文化背景进行认识和了解。同时,回归母语文化,对不同文化因素的差异性进行判断与理解,对人类共同的核心价值观进行识别,从而有助于培养学生形成尊重其他文化的态度,构建对自身文化的自豪感。

二、英语文化教学创新的原则

（一）主体意识强化原则

基于全球化的浪潮，西方国家凭借自身的话语权，采用经济、文化等手段推行其生活方式或意识形态，对包括中国在内的其他文化产生了冲击，导致文化输入、输出出现了严重的失衡情况，也对其他民族的文化造成了严重的腐蚀。

对此，在实施文化教学中，教师必须引导学生对跨文化交际过程中的平等主体意识加以强化，减少学生对西方文化的盲从，增强学生对中国优秀传统文化的认知与了解，主动对中国传统的文化进行整理与挖掘，吸取文化中的精髓，将中国传统的优秀文化底蕴凸显出来，强调中国优秀传统文化在当今世界的价值。

在文化教学中，教师要引导学生遵循"和而不同"的原则，既要对其他文化有清晰了解，又要保持自身文化的特点，让学生能够向世界展现中国优秀文化的精髓。

在文化教学中，教师要不断培养学生自信的气度与广阔的胸怀，让学生学会在平等竞争中与其他国家互通有无，以多种形式将中国的传统优秀文化传播出去，不仅对西方文化霸权主义的侵蚀加以抵制，还能确保中国文化在世界文化中的地位和格局，从而促进世界文化的多元发展。

（二）内容系统化原则

文化的内容非常丰富，其所包含的因素至今还没有一个定论，因此在实施文化教学时，教师不能一股脑地将所有文化内容纳入自己所讲授的内容之中。因此，我国的教育部门应该组织文化领域的专家、学者，从价值性、客观性、多元性等多个层面出发，对中国优秀传统文化的教学内容体系进行确立，具体包含中国的基本国情文化、社会主义核心价值观、民族文化、节日文化、生活文化等。

(三)策略有效性原则

在实施文化教学时,教师应该采取有效的策略。具体来说,可以从如下两项入手。

第一,教师要用宽容、平等的心态对中西方文化进行对比,通过对比来鉴别。这一策略就是将中国文化与其他文化进行比照,从而将中国文化与其他文化的异同揭示出来,避免将那些仅属于某一特定社会的习俗与价值当作人类普遍的行为规范与信仰。

在运用这一策略教学时,教师应该从跨文化交际中存在的现实问题着眼,以共时对比作为重点,不会考虑褒贬,克服那些片面的文化定型,避免用表面形式对丰富的文化内涵进行取代。也就是说,教师应该引导学生透过现象看本质,通过理性、客观的态度,对不同文化的异同加以分析。

另一方面,教师要为学生提供充足的空间与机会,让学生感受到中国传统文化的魅力。通过体验,可以将课堂环境与社会环境结合起来,加强文化与社会、学生与社会等之间的关联性,使学生在英语教学情境下不断体验与感悟,从而帮助学生形成文化理解力、文化认知力。

第二节 高校英语文化教学的创新

一、课程要体现文化品格

英语课程属于一个系统工程,其不仅包含教学内容、教学目标、教学要求,还包含对英语课程性质的理解与把握。随着英语课程与教学改革的深化,很多教师迫切需要一种新的理论来指导教学实践。而对英语课程进行文化语言学层面的研究,是更新教学观念、变更教学方法、建构教学新秩序的重要手段,有助于帮助教师走出应试教育的困境,具有实用性价值。也就是说,在英语课程与教学改革中把握英语教育文化的本质,才能在实践中调动学生的主观能动性,真正地实现教育目的,这就是对英语课程的文化品格进行分析的魅力所在。

(一)什么是文化品格

关于"品格"这一词汇,《辞海》中有如下四层含义。
第一,指代物品的质量规格。
第二,指代文学艺术作品的格调、质量。
第三,指代一个人的性格、品格。
第四,指代一个人为官的品格。
对于这四点,最后一点可以忽略不谈,前三种可以将其泛指为品行、性格、质量。

在英语中,与"品格"对应的单词是 character,其中《牛津高阶词典》对这一词的解释为:品格、品质以及特点、特征等。

对于上述对品格的分析我们可以这样认为,文化品格即指的是人或者事物在思维方式、价值观念等层面表现出来的气质、精神、特点与风格,其不仅是对人或者事物文化属性的规定,也是其价值取向的一个重要表现。

在中国知网对"文化品格"进行搜索,其主要涉及两大研究范畴:一是对某个人或者群体所具备的个性特征展开分析,二是对某类事物或者活动本身在文化层面表现出的属性与特征进行研究。但是综合分析来看,文化品格重在描述事物或者活动主体所展现出来的文化特征与气质,并且这些文化特征与气质是事物以及活动主体的重要体现。

(二)英语课程中文化品格的释义

无论是什么学科,一旦进入了学校教育领域,以一种课程的形式表现出来,其就不可避免地具备"文化品格",这是由课程的本质属性决定的。就这一意义而言,所有课程都与文化有着密切的关系。但是,由于课程不同,这种文化的存在样态也是会存在差异的。对于英语这门课程来说,学生学习英语不仅仅是为了学习英语知识,更是要理解其隐形的符号系统。对于母语学习者来说,母语课程会浸润在日常生活中,是一种自觉的行为,但是对于外语学习者来说,由于一些场合与场景的缺乏,导致其势必会是一种探寻的结果。因此,笔者认为英语课程的文化品格指的是英语课程作为一门语言教与学的课程,其自身所持有的文化气质、文化性格与文化品行。当然,这主要受英语课程的性质与任务决定。

1. 从课程性质理解英语课程的文化品格

具体来说,英语课程的性质主要可以归纳为如下几点。

首先,英语课程的基础性。21世纪是一个世界各国相互融合的时代,地球已经成为一个村落,在这一村落中,英语是流行的语言,要想在这一村落中生存,英语是必须具备的手段。随着信息技术的发展,计算机网络使人们获取知识的方式发生了改变,21世纪的人才要求具备在网络上获取信息的能力,而英语成了国际网络上的交流工具。显然,掌握英语是新时代对人才的一大要求。我们处于一个多元文化的社会,而在这个社会中的人们需要学会与不同文化背景下的人们展开交流、和谐共处。英语课程为学生们打开了一扇了解他国文化的窗户,通过这一途径,学生可以接触不同的文化,了解不同文化背景下人们的生活方式,为进一步增进彼此之间的交流与合作奠定基础。显然,英语课程是学生开阔视野、培养智力、锻炼品质的一项重要课程。

其次,英语课程的交际性。实际上,不光是英语这门课程,其他课程也都具有交际性。但是由于受传统教育观念的影响,我国的英语课程过分注重词汇知识与语法知识的讲授,这种观念虽然有助于学生获取英语语言本体知识,但是随着对语言本质认识的深入,人们也认识到应该改变这种传统的课程观念,英语课程对

第五章　高校英语专业课程教学的文化转型探索

于我国的学生来说是一门缺少真实环境运用的学习,基于这样的情况,一味地教授语言知识是远远不够的,这会让学生降低学习的兴趣,因此需要强化交际性,为学生创设各种交际环境,提升他们的交际能力。

最后,英语课程的人文性。英语作为一种语言,不仅是一种交际的工具,还是一种文化的彰显。学习语言更是为了学习语言背后的文化。因此,除了要注重英语课程的工具性,还需要注重其人文性,不可片面地强调其中的一方面,这样就会使英语课程发展不平衡。

2. 从课程任务理解英语课程的文化品格

英语课程的性质决定了英语课程的主要任务在于培养学生的综合运用能力。美国著名的语言学家巴赫曼(Bachiman)对语言能力的理论框架进行概括,具体如图5-1所示。[①]

长期以来,我国的英语教学大纲将对知识与技能的掌握作为课程目标与任务,这无形中就造成了英语课程过分重视知识与技能教学的倾向,从而忽视了培养学生的语言运用能力。因此,语言知识不能直接与语言能力等同,而是要平衡语言知识与其他能力的关系。新的教学大纲除了要教授学生语言知识外,还需要教授给他们情感、态度与价值观,还需要让他们了解中西方文化的差异,拓宽视野,从而帮助学生形成健康的人生观。

(三)英语课程文化品格的理论基础

英语课程是一门语言教学活动,其会受到社会文化理论的影响。而语言学对英语课程文化品格的影响主要体现在语言的特征与语言与文化的关系上,这里仅从后面两个层面加以分析。

---

① 陈宏.第二语言能力结构研究回顾[J].世界汉语教学,1996,(2):46-52.

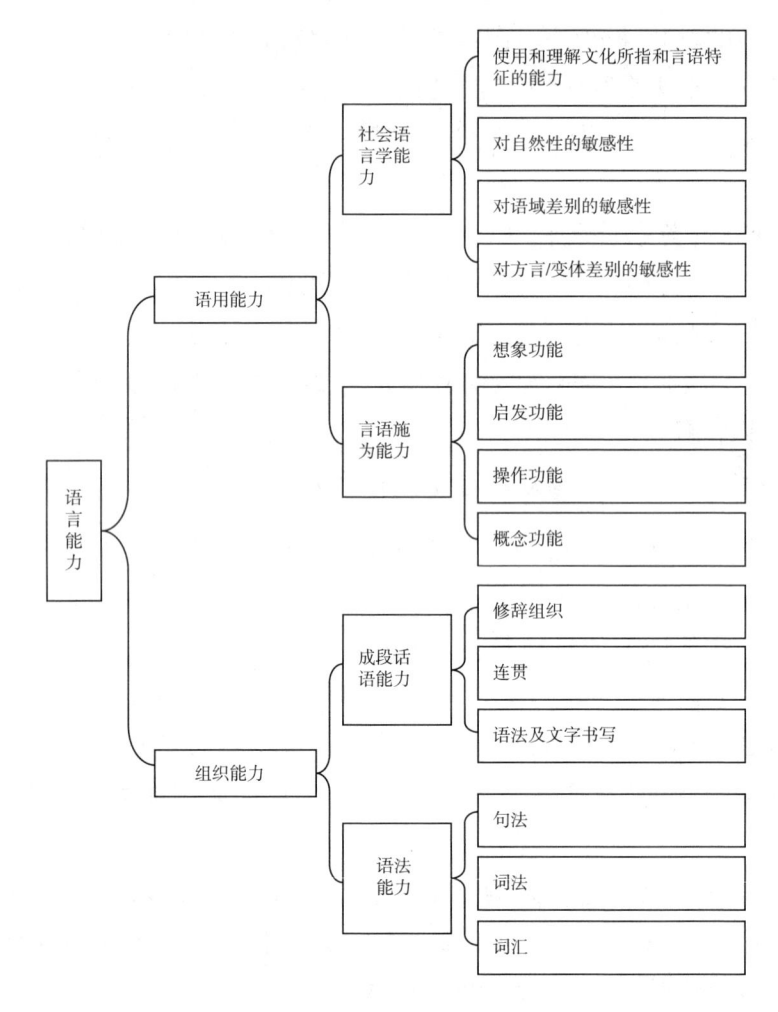

```
语言能力
├── 语用能力
│   ├── 社会语言学能力
│   │   ├── 使用和理解文化所指和言语特征的能力
│   │   ├── 对自然性的敏感性
│   │   ├── 对语域差别的敏感性
│   │   └── 对方言/变体差别的敏感性
│   └── 言语施为能力
│       ├── 想象功能
│       ├── 启发功能
│       ├── 操作功能
│       └── 概念功能
└── 组织能力
    ├── 成段话语能力
    │   ├── 修辞组织
    │   ├── 连贯
    │   └── 语法及文字书写
    └── 语法能力
        ├── 句法
        ├── 词法
        └── 词汇
```

图5-1 巴赫曼语言能力结构图

（资料来源：陈宏，1996）

1. 英语课程文化品格的课程论基础

英语课程作为一门课程，其必定具备课程的一些特征，而课程与文化的关系决定着英语课程明显的文化品格。

其一，课程的本质。关于"课程"，大致可以划分为如下几种。

（1）课程即科目。

（2）课程即目标或结果。

（3）课程即计划。

第五章　高校英语专业课程教学的文化转型探索

（4）课程即经验。

其二，课程与文化的关系。课程作为传承文化的工具性角色的解构，让人们认识到课程与文化之前关系的重要性。从表面上说，将课程作为传承文化的工具似乎并未将二者的关系分离，但是如果深层次去分析不难发现，实际上将课程作为传承文化的工具是将二者作为独立的事物存在。在这里，课程的价值在于它的传承与复制文化的功能，但是其自身的文化性被遮盖起来，从而课程的文化性也就丧失了。因此，应该消解人们将课程视作传承文化的工具这一论断，将课程的文化品格彰显出来，这是当前课程研究者的当务之急。

2.英语课程文化品格的社会文化理论基础

社会文化理论这一概念是近些年在二语习得研究中用来对二语习得过程进行阐释的重要理论之一。这一理论的基础是维果斯基（Vygotsky）关于学习的思想以及语言与思维关系的思想。

长期以来，认知语言学与行为主义心理学在二语习得中有着非常重要的地位，其对于外语教学起着非常重要的作用。但是随着研究的加深，很多学者认为这两种理论在某种程度上未足够重视学生所处的社会文化环境。

此外，社会文化理论指出仅依靠语言知识学习并不能帮助学生实现知识的内化，因为在学生的语言学习中，一些社会文化环境因素也会起到制约的作用。如果这些文化因素得不到重视，那么学生在语言学习中会缺失一些社会文化，从而对外语学习产生重大影响。社会文化理论对于社会环境因素是非常重视的，尤其是重视学生与社会环境因素之间的互动，这些都为外语教学研究提供了新的视角，是二语习得一个新的研究方向。

（四）英语课程文化品格的属性

1.英语课程文化品格的自主性

对英语课程的发展历史进行回顾可知，具有独立文化样态的自主性的英语课程还未出现。英语课程的工具性使其文化性被遮盖起来,从表面上看英语课程也有对文化进行选择与加工的过程,但是这种选择与加工仅仅是从形式上来说的,没有彰显其自主性。

2. 英语课程文化品格的建构性

作为一种文化的英语课程与作为一种工具的英语课程是存在着明显的区别的。英语课程的文化品格在其建构性上有突出的体现。工具性取向的英语课程是从静态意义上对英语课程展开的探讨。但是,对事物的辩证性思维告诉人们对英语课程的研究不应该仅限于静态层面,还应该从动态的视角来加以研究,实现动静的结合,这样才能对英语课程进行重塑。

英语课程文化品格赋予了课程动态建构的特征,其将英语视作一个动态的过程,其中包含着各种变化与运动,而不是将其作为一种客观的知识体系对学生展开强行的灌输。

英语课程文化品格的建构性对于英语课程而言意义是非常巨大的。具体来说可以从如下几点理解。

首先,消解了自身的工具性与预设性,对生成性目标予以强调,这有助于调动学生学习的兴趣和积极性。

其次,将学生视作一种动态的存在,其非常注重学生的个人经验,并赋予课程动态层面的意义,从而不断扩大英语课程的内涵。

再次,倡导以学生为中心,突出学生的主体地位和作用,这能够更好地发挥课程主体的主动性与积极性。

最后,使得英语课程摆脱了僵化的特征,使英语课程实施主体不断拓展充满活力的体验过程。

3. 英语课程文化品格的实践性

实践性是英语课程文化品格的一大重要属性,其不仅承担了载体的作用,还是英语课程与其他课程相区别的重要依据。英语课程文化品格的实践性具有较强的自为性表征,如果说一般的社会实践是对改造客观世界的研究,那么英语课程文化品格的实践性主要是对实施主体主观世界的研究。

二、搭建优秀的传统文化交流平台

教师可以组织学生开展"我们的节日"等活动,对中国的传统节日文化进行丰富,使这些传统文化更富有生机。同时,加大宣传力度,如可以组织学生对学校的历史进行定期的学习,在学习校史的情况下,发挥传统文化的作用与意义。

教师可以运用多种文化资源,如图书馆、博物馆、遗址等,培养学生的民族认同感,并结合学校的多重优势,举办讲座,提升学生对中国文化的理解与认知,增强他们的爱国情操。

教师可以组织富有中国文化内涵的社团活动,通过这些活动,使学生的校园生活更加丰富多彩,也能够让学生在不知不觉间感受传统文化的魅力。

三、充分发挥新老媒体的传播作用

在新时代条件下,教师要引导学生运用网络,综合书籍、期刊、网站、电台等多种媒体,对宣传形式加以创新,使中国传统文化的传播与弘扬与时代发展的特点相符合,使中国优秀的传统文化更具有生命力。具体来说,可以采用如下几种方式。

(1)创设有内涵的中国传统文化网站。

(2)在校园网中创设传统文化项目,或者可以运用微信平台,将文化融入生活之中。

(3)充分运用学校资源,将学校的人文传统发挥出来,开设名家讲堂。

四、提升教师传播中国优秀传统文化的能力

由于当前很多教师的知识结构相对单一,对中国传统优秀文化掌握的并不充足,因此应该努力提升教师的能力。具体来说,

主要可以从如下三点着手。

第一，教师应努力学习中国优秀的传统文化。高校也应该鼓励教师不断对知识结构加以完善，对中国文化的发展情况、历史渊源等有所了解，对中国优秀的传统文化形成全面的认识，尤其是对核心价值观的理解和把握。

第二，教师应该不断提升敏感性。高校应该为教师提供出国培训的机会，让英语教师真正地置于西方文化交际语境中学习。

第三，教师应该不断提升自身的综合能力，真正地做到以身立教，投入到教学之中，培养自身的人格魅力，对自身的品质进行培养，这样才能与学生展开有效的互动与沟通。教师还需要具备广泛的心理学知识，对现代教育技术予以掌握，对不同的内容采用与之相适应的教学手段，真正地实现因材施教。

第六章 高校英语专业课程教学的网络渗透探索

网络技术的普及将人们进入了网络技术时代,在该技术的影响下,人们的生活发生了翻天覆地的变化。网络技术不仅改变了人们的日常生活,而且对教育也产生了深刻的影响。在网络技术的渗透下,高校英语专业课程教学的变革加快了进程,并取得了令人欣喜的成效。

第一节 高校英语网络教学分析

一、网络技术对高校英语专业课程教学的深刻影响

国内很多专家对网络技术环境下的课堂教学实践进行了多次探讨与尝试,但是在具体的实施过程中,能够取得明显效果的学校并不多,这不得不引人深思。因此,本节具体探讨网络技术对高校英语专业课程教学的深刻影响。

(一)对应用型人才培养的呼唤

近年来,国家号召地方高校应该向应用型高校转型,目的是培养出一大批的应用型人才,与应用型人才培养理念相适应,努力实现自己在社会发展中的价值与使命。在培养应用型人才的一系列改革之中,任何一所高校如果不进行变革,那么就很难接

近教育改革的核心,很难真正实现优质的教育。也就是说,改革必须要先行。

培养什么样的人才,如何培养人才是当前高等教育思考的问题。为了实现人才培养与社会的对接,培养出高素质的应用型人才,是当前很多高校的必然选择。这一方案的提出是我国高等教育面对社会转型、面对产业升级、面对市场方式转变、面对严峻的就业形势,不得不做出的选择,其不仅有助于社会的转型与发展,还有助于实现人才的多样化发展。

1. 应用型人才的培养目标定位

对于应用型人才,一般可以认为有三个关键特征。

第一,具有人才的特征,即他们的素质较高、能力较高,具备一定的专门知识和技能,能够进行创造性的活动,为社会做出一定的贡献。

第二,具有应用型的特征,这一特征与学术型人才与技能型人才相对应,应用型人才主要面向的是基层,不仅具有扎实的基础与素养,还具有应用型的思维,具有较强的动手能力,善于运用自身掌握的知识,将理论知识付诸实践。

第三,具有创新性特征,这一特征要求人才在富有变化的时代中紧随时代的步伐,必须开拓自己的视野,具有逆向思维与发散性思维,能够将自己的想法付诸实践。

基于此,在应用型人才培养目标的定位上,知识结构以"厚基础、宽口径、重应用、强创新"作为培养人才的基本原则,强调学习的目的就是在于会应用,突出新技术、新理论等在行业中的灵活运用。能力结构侧重指挥、组织等应用能力的训练与培养,凸显创新精神与创新意识等。人格结构强调要具有强烈的探究欲望,具备高度的团队合作意识等。

为了更好地培养应用型人才,教师不仅要对当前社会经济发展的需求有清晰的认识,还要对未来的发展走向予以明确,为学生拓展就业之路、创业之路,为他们未来的职业规划考虑。

第六章 高校英语专业课程教学的网络渗透探索

面对当前国家经济转型与接轨的需求与特征,教师以能力本位的学习作为着眼点,积极探索培养全新的应用型人才,对学习方式、学习内容等进行改良,努力将学生的学习兴趣激发出来,帮助学生掌握扎实的理论知识,使他们具备较高的应用能力与专业素养,能够采用科学的思维方式进行学习与管理,让他们在开放的环境下有自己的坚守,不盲从,在竞争中求得生存与发展。

面对未来的不确定性,教师们也在不断地进行思考。随着网络技术的发展,如何为学生规划更好的未来呢?当前,人与人之间的竞争越来越激烈,一些岗位可能会消失,那么什么样的人不会被社会淘汰呢?教师在高校阶段需要教授给学生什么呢?这些问题都是教师思考的问题,教师应该研究学生的适应能力以及他们的核心素养,不断培养他们分析问题的能力,让他们在浩瀚的知识海洋中学会学习、主动学习,学会终身学习,教师要教会他们面对复杂的环境应该作何选择,应该如何把握时机,从而使自己更好地融入社会,超越自己。

2. 应用型人才培养对课堂教学的要求

为了能够培养出高素质的应用型人才,为了能够让学生将知识转化成现实生产力,有些教师对课程体系进行了一系列的调整,支持学生可以对自己的专业进行自由的选择,鼓励学生进行创新活动。课堂作为学生学会知识的主要渠道,是体现学校办学理念、实现人才培养目标的主要阵地,是不断创新与改革的据点,理应向应用型人才的培养方向转变,快速做出反应。具体来说,需要从如下三个层面着眼。

从教学内容上说,不过多地追求逻辑是否严密、定义是否准确,不侧重对知识的发现与整理、理论的争鸣与演变,不局限在教室与教材上,而是要与学生的生活与专业贴近,抓住该领域知识的前沿,对成熟理论要点有清楚的认识与应用。

从教学方法与手段上说,要求实行生成性的教学观,让学生运用感官与实践,对自己学习中的问题进行有效的解决,推动学生从自身的经验背景出发来理解与认识知识。注重课堂教学方式要多样化,具有灵活性,采用模拟教学法、案例教学法等方法,创设教学情境,引导学生对专业知识进行灵活的应用,利用理论与技术对问题进行解析,培养学生的实践应用能力。采用探索性教学、启发性教学等方法,引导学生进行探索,培养学生的创新性思维。运用现代技术与手段,满足学生个体的需要,促进学生多元能力的发展。

从时空维度上说,教师要不断拓展课堂教学的时空,拓展学生学习与训练的时空,让学生跟随专业的最新动态,获得更多更真实地参与操练的机会,帮助学生实现自主学习、终身学习。

(二)对高校英语课程相关要素的影响

1. 对高校英语教师的影响

在信息时代,网络技术的广泛应用对高校英语教师有巨大的影响,具体表现如下。

(1)网络技术对高校英语教师的最大影响在于学生获取知识途径更加多样化了,高校英语教师不再是学生的教学信息源的唯一来源。

(2)新时期,新的媒体和技术的应用对教学观念、方式和手段也带来了极大的冲击,对高校英语教师的教学过程影响显著。

(3)网络技术在高校英语专业课程教学中的应用对教师素质能力的提升有重要作用。将现代网络技术融入课堂之中,可以优化教学方法、提高教学效率。但是,由于学生选择学习的时间、内容等具有了灵活性和自由度,很可能会导致学习的失控。就传播学的角度来说,高校英语教师不仅是教育信息的传播者,更是把关人,因此应该考虑实际情况,对信息有针对性地选择,科学调配教学过程。

2. 对高校生自身学习的影响

网络技术的教学应用对高校生的影响分析如下。

（1）高校生是现代教育技术发展的最大受益者。现代教育技术提供的个别化、网络化的学习方式，可以使高校生根据自己的特点和水平选择合适的学习进度，在轻松的环境中学习，实现真正的"教育平等"。

（2）网络技术的应用改变了高校生获取信息的途径，改变了高校生的基本听、说、读、写的方式，学习者具备了更加自由化、多样化的表达方式。

（3）信息社会，任何一名学习者都必须具备一定的信息素养，具备独立的终身学习能力。现代教育技术不仅对教师的教学能力有了较高要求，对高校生的自主学习能力也有了较高的要求，要求高校生具有信息社会要求的观念、意识和现代教育技术能力。

二、网络技术背景下高校英语专业课程教学的意义与目标

从当前高校课堂教学的种种现象考虑，社会各界呼吁高校课堂应该追求质量。但是如何真正地提升教学质量，还需要将高校英语专业课程教学与网络技术相融合，从而使课堂教学更有趣味性。

（一）网络技术背景下高校英语专业课程教学的意义

1. 变更教育理念

网络技术背景下的高校英语专业课程教学的教育理念由"以教为中心"转变为"以学为中心"。在网络技术背景下的高校英语专业课程教学中，慕课、微课、翻转课堂等教学模式的运用做到了以学生为中心，这就比传统英语课堂要好很多。因为在传统英语课堂中，教师作为教学的中心，教学就是教师站在课堂上，为学生们讲授课程，即便教师将课程讲的非常精彩，有些学生也很难融入其中。不过，网络技术背景下的高校英语专业课程教学改变

了这一点,学生占据学习的主导地位,课堂变成了以学生为中心的课堂,这样的学习会让学生觉得自由、快乐,愿意学,乐意学。

2. 革新教学流程

在网络技术背景下,高校英语专业课程教学的流程与传统高校英语专业课程教学明显是不同的。网络技术背景下的高校英语专业课程教学将知识的传授转移到课堂之前,将知识内化的过程置于课堂之上。在课堂开始之前,学生通过观看视频来学习新的知识,这样他们就可以将传统教学中教师讲授的时间空出来,让学生有充足的时间完成作业,并实现师生之间、生生之间的互动。这样做主要有如下两个优点。

首先,学生通过观看视频,能够使自己的学习更加主动,能够逐渐对自己的学习负责,这种方式可以解决传统课堂优等生"吃不饱"、中等生"吃不好"、差等生"吃不了"等问题,从而真正地实现因材施教。

其次,保证了学习目标具有可操作性,这有助于学生对知识进行创造。根据布鲁姆将学习目标划分为理解、记忆、分析、应用等部分,可以对网络技术背景下的高校英语专业课程教学与传统高校英语专业课程教学进行对比,具体来说就是网络技术背景下的高校英语专业课程教学将难度较小但是需要更多选择权的环节放在课前来学习,如理解环节与记忆环节,学生可以根据自己的能力和节奏对学习进行掌控,但是将那些难度较大、需要教师和其他同学帮助的放在课堂上完成,如分析环节、应用环节等,这样才能真正做到各得其所。

(二)网络技术背景下高校英语专业课程教学的目标

1. 激发学生的问题意识

人从出生就具有了求知欲和好奇心,这是人能够自由、理性的基础,表现在学习态度与兴趣上,就是人能够积极地去探索与解决问题,不断创新、不断超越。学生学会学习的一条最佳路径就是逐渐学会启发式的学习，即教师引导学生发现问题，并让学生找到合适的方式解决问题，师生之间围绕问题展开自主学习与探究学习，使学习活动向思维活动转变，这样才能让学生具备多元思维。

在网络技术背景下的高校英语专业课程教学中，要强调问题引领的作用，即教师不仅要以问题作为起点，以问题解决作为主要的活动过程，从而将学生对问题的敏感性激发出来。同时，还要求教师主要探讨那些与现实联系紧密的问题，对这一领域的学术前沿问题进行跟踪和了解，将学生潜在的能力挖掘出来，培养学生的研究精神与素质，形成面对困难的积极潜质与解决问题的能力，并塑造自己的人格与工作特质。此外，还要求教师为学生创设自由的学习氛围，师生之间围绕提出的问题，通过交流与对话形式解决问题，并进行分析与评价，帮助学生形成问题意识与问题解决能力，推动他们判断真假、独立思考的能力等。

2. 转变学生学习的方式

学习方式是学生在展开学习任务时自主、探究的基本认知取向与行为特征，其主要包含发现学习、接受学习、合作学习等。在新时代背景下，高校选择的教学方法一般是多种多样的，具有针对性与灵活性，这样也就推动了学生学习方式的转变，要求教学应该从学生的学习能力出发，符合学生的学习要求，这样才能培养出符合社会发展需要的应用型人才。具体来说，主要可以从如下四点考虑。

第一，倡导自主探究式学习，让学生自定节奏，具体来说就是学生在学习中要发挥自身的主观能动性，引导学生大胆接受挑战，挑战传统的识记性学习方式，让学生真正地学会学习，成为学习活动的主体，推动他们灵活地转换学习方式，在创造与研究中学习。

第二，推动学生走团队合作式学习，即单打独斗的学习显然效果差，学生只有学会与其他同学合作、与教师合作，才能真正地弄懂知识,掌握技能。

第三,实施应用情境式教学,即关注学生在特定情境中的认知体验,通过新兴技术,为学生创设真实的场景,让学生主动参与其中,增强他们的认知能力。

第四,关注学生的在线学习与移动学习。由于网络技术的发展,学生的学习资源越来越丰富,这就给学生提供了学习的便利,学生可以打破时空的限制,获得教师或者其他同学甚至一些专家学者的帮助,从而在课外不断提升自身的语言能力。

3. 促进学生的深度学习

所谓深度学习,即学生在理解的基础上,能够批判性地学习新知识,并将这些知识融入他们原有的知识结构中,建构这些新旧知识的练习,并且能够将已有的知识迁移到新的情境中,从而独立地对问题进行解决。采用深度学习策略的学生要更善于整合知识、迁移知识,这样才能取得好的成绩。

当前,高校应该努力为学生创设深度学习情境下的课堂环境,让课堂不仅成为学生知识深度加工的重要场所,还要把原来教师单向传授的教学过程转变为师生互动的过程,创设真实的、批判性的课堂环境,还需要围绕问题的解决探究深度学习的情境机制,让学生逐渐实现知识的吸收与内化,从而有效培养他们的理性思维与创新思维。

4. 强调学生学习的责任

当前,要培养具备应用型能力的人才,要求学生在具体的实践中发挥自身的主体作用。也就是说,学生能够主动为自己的学习行为承担责任,让学生逐渐成为自己学习的主人,成为教学活动中主动的、自觉的参与者,也成为知识主动的发现者与探索者,也推动着教学从"教"逐渐转向"学",让课堂上不再仅仅强调以教师的教授为主,还强调以学生的学习为主,实现师生之间的协同教与学。

在网络技术背景下的高校英语专业课程教学中,不仅要将学

第六章　高校英语专业课程教学的网络渗透探索

生的积极性与主动性激发出来,还需要引导学生将精力、时间等投入学习之中,帮助学生减少学习的盲目性与随意性,逐渐建构自主式、探究式的学习。同时,还要给予学生应有的权利,赋予他们自主学习的权利,自主选择学习内容与策略,让他们不断发挥自己的主观能动性,发挥自己的学习优势。

5. 培养学生的核心素养

人应该必备的能力与品质就在于核心素养。核心素养的提出主要包含如下几个层面。

第一,未来个人发展与社会生活需要的能力与品格是无法预料到的,个人在受教育阶段唯一能够选择的就是对自己的必备品格与关键能力进行发展。

第二,知识是以几何级数增长的,能力以几何级数进行分化,学校教育无法对知识和能力进行穷尽。

第三,社会生活纷繁复杂,价值取向也是多元化的,学校教育无法面对社会上所有的问题。

第四,学校教育应该专注于对学生必备品格与关键能力的培养。

"核心素养"一词源自西方,英文是 Key Competencies。Key 在英语中的意思是"关键的、必不可少的"等含义。Competencies 的意思是"能力",但是从其范畴与内容来说,可以翻译为"素养",因此"核心素养"也就是所谓的"关键素养"。

进入 21 世纪,欧盟国家为了应对经济全球化,在教育领域提出了"核心素养"这一概念,目的是为了培养学生的创新能力,这一概念的提出是为了对传统的阅读、计算等为核心的概念进行改变,从而提升学生的综合应用能力。

2014 年 3 月,教育部发布了《关于全面深化课程改革,落实立德树人根本任务的意见》,要求英语专业课程教学应该将社会主义核心价值观的内容引入教材与课堂,努力使学生了解中华文化,明确提出了"核心素养"的概念。在语言教学中,核心素养主要包含如下几点内容。

（1）语言能力

语言能力是指基于社会情境，通过语言来进行理解与表达的能力。从英语技能教学来说，语言能力是学生应该具备的基本能力，也是学生核心素养的体现。从语言学科来说，听、说、读、写、译五项能力是最基本的语言能力，对这些能力的掌握才能更好地学好语言。同时，新时代条件下学生需要面临各种数据、图表等，因此他们还需要掌握好"看"的技能，这样才能对第一手资料有清楚的把握。

（2）文化品格

文化品格不仅指的是了解一种情感态度、文化现象，还指的是了解语篇反映的社会文化现象，通过归纳来构建自己的文化立场与文化态度。

语言教学的核心素养更加注重从多元文化层面来思考，通过比较，了解中西方文化的差异，这样学生才能更加自信与自强，从而对西方文化予以理解，并将中华文化更好地传播出去。

（3）思维品质

思维品质与一般的语言能力、思维能力并不同，指的是与英语技能学习相关的一些思维品质。在核心素养中，这一品质与学生更为贴近，学生思维品质的提升与优化也是"立德树人"的彰显与表现，与高校英语专业课程教学改革的目标相符合。

总之，学生的生存与发展需要多种素养，但是在21世纪的挑战下，这些素养并不是所有都并重的，也就是需要对这些素养的重要性进行排列。其中创新能力、合作能力、信息素养等是优先的素养，这些应该排在最前列，因为这些素养是学生应对挑战、将祖国发扬光大的关键。这就是所谓的核心素养。其他的一些素养如身体素质对于个人来说是非常重要的，但是由于太基础，所以可以将其视作基础素养。另外，传统的读、写、算也可以算作基础素养。

在全球化背景下，各国关于学生核心素养的范畴存在着某些共性。就全球范围来说,国际组织、一些国家等在核心素养指标的选取上,都反映了该组织、该国家、该地区的经济发展情况,并强调信息素养、创新能力、社会贡献、国际视野等素养是非常关键的层面。但是受国情的影响,由于各国所面临的关键问题存在差异,因此核心素养的内容与程度也会存在着某些的不同。

6. 增强学生的学习体验

个体的发展具有特殊性,因此教学需要在尊重学生个体差异性的基础上,对学生的学习体验予以关注,努力为学生创造更多锻炼的机会,激发他们学习的内部驱动力,发挥他们对知识的探索精神。当前,很多高校的评价强调甄别与选拔,对评价的激励与促进功能予以忽视,往往对结果过分看重,对学习过程予以忽视,这样的评价就导致了个别优秀的学生得到了愉快的体验,但是那些成绩差的学生失去了学习的兴趣,很难培养出健康的情感体验。

在具体的教学过程中,高校教师应该努力让学生们用感官去实践、去体验、去解决问题,与社会实践相联系,研究教学方法是否符合学生的需要,采用多种技巧和方法展开教学,增强学生的学习体验,让课堂脱离传统课堂的弊端,即被教材与大纲等约束,而是让学生广泛地参与到课堂之中,实现师生之间、生生之间的互动,这样才能让他们学会思考、学会辨析、学会研究,进而发现课堂的魅力。另外,教师还需要注重选择科学的评价方式,让学生能够更好地体会到成长的快乐,享受学习的快乐,帮助学生正确地认识自己,激发他们学习的动力和积极性。

三、网络技术下高校英语专业课程教学的原则

从"网络技术教育"应用于高校英语专业课程教学的形势与特点中可以看出,网络技术时代下的高校英语专业课程教学要比传统教学更具有优势。但是,网络技术教学手段在高校英语专业课程教学的应用中还需要遵循一定的原则。如果不遵循这些原则,网络技术时代下的高校英语专业课程教学也无法发挥出事半功倍的效果。

(一)以学生为中心原则

"网络技术教育"下高校英语专业课程教学需要坚持以学生为中心的原则。在学习过程中,学生考虑自身的特点与实际水平,主动参与到学习中,选择与自己能力相匹配的内容。在人际交互过程中,学生能够主动地思考,并动手进行操作,从而激发学生学习的主动与积极性。

总之,这种以学生为中心的网络技术不仅为学生提供了自由的学习空间,还为学生提供了大量的学习内容,保证他们在学习中不断提高,获得更佳的学习效果。

(二)主导式自主学习原则

以网络技术为核心的现代信息技术逐渐进入到外语教育领域。这就导致以教师为中心的传统教学转向以学生为中心、以教师为主导的教学,以单穿传授知识与技能的教学转向既传授知识与技能,又注重语言运用能力与学生的自主学习能力的培养的教学。

也就是说,当前的高校英语专业课程教学应该以网络技术为依托,集合文字、图像等为一体,通过运用各种传播手段,以个性、开放的形式对高校英语专业课程教学的信息加以存储与加工,并进行传播,将网络技术与高校英语专业课程教学紧密结合,将课堂教学与网络技术学习紧密结合,以学生为中心,学生展开以教师为主导的自主学习,即为主导式自主学习。简单来说,主导式自主学习即一种有目标指向的积累性的学习方式,学生基于教师的主导,在宏观目标的调控下,从自身的需要与条件出发,制订并完成具体目标的一种学习方式,其主要表现为教师在学习中充当参与者的身份,学生将自身的独立性与主观能动性发挥出来,实

第六章 高校英语专业课程教学的网络渗透探索

现教师与学生的良性循环与有机结合。

在主导式自主学习中,主导指的是教师创造一切与学生学习相关的环境,引导学生建构对周围世界的认知。自主指的是不同于对教师的依赖,而是采用一种独立的方式进行学习,但是这种学习不是自由的学习,而是自主学习,其需要学生形成积极的学习态度,对自己的学习内容、学习目的有明确的认识,并采用恰当有效的方式展开学习。同时,这种自主还强调基于目标的指导,学生要进行自我调控,主动参与到学习中,并努力实现目标。

虽然自主与主导有着不同的视角,但是二者对于世界的认识、对于知识的整合以及对意义的建构等的实效性与主动性都非常注重,都是将提升学生的素养作为着眼点。就这一意义来说,二者是密不可分的关系,自主以主导作为航标与指向,主导以自主作为助推器与支撑单位。

(三)多元互动教学原则

教学是人与主体之间交流情感与思想的过程。教学的效果好坏并不取决于教与学,而是取决于教与学主体间的互动结果。所谓多元互动教学,即在网络技术环境下,高校英语专业课程教学中教师与学生之间、学生与学生之间、教师及学生与机器之间的相互作用,是一个以促进学生主体认知重组为基础的多层次的交互活动,目的是实现意义的建构。

多元互动教学使现代的高校英语专业课程教学的教师、学生、教材等要素形成了立体的网络,学生置于真实的情境之中,运用自身所学的知识与技能,通过对一系列的语言实践活动进行观察,并不断进行探索与试验,逐渐掌握语言知识与技能的意义。就这一层面来说,互动在语言教学中被认为是运用语言最本质的特征,是学生获取外语知识的一条必经之路。

在语言教学活动中,语言是知识体系与技能体系的融合,实践性较强。语言教学内容的传授也是教师和学生共同参与的过程,彼此之间通过合作、完成任务,从而使学生获取知识。通过多元的互动,学生能够不断发现语言使用的规则以及他们对语言使用的反馈情况,同时将新的语言形式与规则运用到自身的实践之中,通过多种实践,学生可以对语言运用的规则加以感悟,与语言表现形式进行对比,体验语言的社会功能,完善自身的语言体系。

网络技术与高校英语专业课程教学的整合导致原有的教学要素进行重新配置,从而产生一个具备外语教学过程的虚拟的、网络的教学环境,为多元互动教学开辟一个新的空间。

第二节 高校英语网络教学的创新

一、多模态互动教学

从语言学习的特点出发,20世纪90年代,西方学者提出了多模态话语理论。这一理论指出,语言属于一种社会符号,音乐、绘画等非语言符号对语言意义的生成起着重要的影响作用。各种语言符号与非语言符号模态之间是相互独立也是相互影响的关系,共同生成语言意义。根据多模态语言理论,语言的输入、输出会受到多种符号模态的影响,因此在英语专业课程教学中,可以将多种符号模态融合起来,结合音乐、图像、网络等形式,对英语课堂进行丰富,调动学生学习的积极性与主动性,从而交互式地学习英语语言,达到对英语语言的充分记忆以及恰当应用的目的。

在大数据驱动下,教师采用多模态互动教学,可以充分运用网络多媒体等手段,创设各种语言学习情境,让学生真正体会到语言学习的乐趣,多渠道地激发学生的听觉、视觉等感官,为学生提供全方位浸染式的环境,促进学生不断提升自身的语言技能。

多模态互动教学强调采用多种手段,具体来说是运用网络多媒体技术,开展角色扮演、图片展示等多种互动方式,调动学生学习的积极性,将听、说、读、写、译各项技能结合起来,激发他们学习的兴趣，对旧知识进行巩固，对新知识进行拓展。

（一）英语多模态互动教学的意义

在英语专业课程教学中，网络技术与大数据技术的作用日益凸显，可以说这些技术改变了教育的理念与方式。在大数据背景下，英语专业课程教学应该充分利用网络与多媒体技术，将多种符号模式如图像、语言、网络等融入教学之中，利用多种模态将学生的各种感官激发出来，调动学生的学习积极性。

英语是多种学科中的一项重要的公共基础课，但是对于大部分学生来说，原有的英语课堂是非常枯燥的，导致他们的学习效果也不理想。当前，随着网络与大数据的出现，在一定程度上突破了教学的界限，采用音频、视频、微信等资源开展英语专业课程教学，这为英语专业课程教学注入了新的活力，也为学生增添了学习的自信心与动力。

在英语专业课程教学中，对网络资源的合理运用可以刺激各种感官，让学生参与到学习中，更深层次地理解英语词汇、语法、语言学等知识。学生只有成为英语课堂的主人，主动积极地探索知识，才能学会知识。

另外，在传统的英语专业课程教学中，教师提供的信息是非常有限的，很难与学生的个性需要相符合，多模态化网络的融入，可以解决教师的这些问题，教师可以利用大数据资源，为学生创设真实的平台，让学生调动多方感官，自主、轻松地提升个人的语言能力。

互联网已成为教师教学的重要工具，充分利用互联网及多模态教学模式势必对英语专业课程教学产生巨大的影响和推动作用。

（二）英语多模态互动教学的基本原则

1. 客体适配原则

在英语专业课程教学中，师生分别处于教授与学习的主体地位，对应的客体则是教授与学习中使用到的工具，如多媒体、教材等。所谓的客体适配，即根据多模态互动教学的需要，提前选择能够对教学工作加以支持的材料。例如，在听力课堂上，教师需要提前下载一些听力材料，然后运用多媒体进行播放；在阅读课堂上，教师可以为学生推荐一些阅读性强的著作。

当然，日常的教材讲解，需要教师在备课时制作多模态 PPT。从教材内容出发，将其中涉及的重难点知识，在 PPT 上配合动画、图片等加以展示，这能够将教材这一客体的适配性发挥出来，并能够激发学生的学习积极性，提高教师教学的质量和效率。

2. 主体适配原则

如前所述，教师与学生处于教授与学习的主体地位。

就教学层面而言，教师在对多模态符号进行收集与整理的过程中，应该转换自己的身份与角度，尽量从学生的视角出发对多模态符号内容进行选择。例如，所选择的动画、图片等要与当代学生的认知规律、兴趣爱好等相符合，这样才能使课堂更具有吸引力，进而便于教师展开教学工作。

就学习层面而言，学生需要在接收到 PPT 的模态符号之后，将自己的感官调动出来。例如，当教师在 PPT 上播放听力材料时，学生需要将自己的听觉感官调动起来；当教师在 PPT 上展示图片等内容时，学生需要将自己的视觉感官调动起来。

一般情况下，坚持主体适配原则，对于构建多模态的互动教学模式，提升师生之间的默契度非常有益。

3. 阶段适配原则

英语学习本身是一个循序渐进的过程，阶段不同，学生的水平与理解能力必然也不同。为了更好地将多模态互动教学的优势体现出来,教师在运用这一策略时,需要坚持阶段适配原则。

也就是说,教师要从实际出发,对模态组合的形式与教学模式进行不断的调整。例如,听力部分是英语四六级的重要测试内容,也是学生英语核心素养培养的一项重要内容。运用多模态互动教学模式展开听力教学时,第一阶段需要根据班级学生自身的水平,选择恰当的听力材料,不宜过难,也不宜过于简单。同时,教师需要提前检查一遍,尤其检查里面的信息是否全面,语速快慢是否适中,问题的设置是否合理等。第二阶段是在听力时,教师要时刻观察学生的注意力情况,是否出现眉头紧锁等情况,这样有助于教师对难度加以判断。第三阶段是从听力材料出发来讲解。阶段不同,这一教学模式实现了音频模态、口语模态、文字模态的多方组合。

(三)英语多模态互动教学的构建策略

英语多模态互动教学作为一种新型模式,充满着活力,在大数据背景下必将日趋完善。那么下面就来具体分析英语多模态互动教学的构建策略。

1. 充分利用多媒体资源

多媒体技术被引入英语专业课程教学中,是英语专业课程教学的一项重要变革。多模态教学强调将学生的各个感官调动起来,实现英语学习的目标。多媒体课件正是能够将文本、图片、音频、视频等相结合的资源,教师如果制作一个多媒体课件,需要精心的准备,需要从不同的教学内容与任务出发,搜集各种资料,进而进行整理与设计,制作出符合学生的真实的多媒体课件。

2. 建设多模态化英语网络空间

随着网络技术与大数据技术的不断发展,当前我们的"信息高速公路""论坛""校园网"等日益丰富,也被人们熟知,显然,网络时代与大数据时代已经到来。当前,各高校开始对自己的网络空间进行构建。网络空间教学就是指的是师生运用网络平台，展开师生交互活动。他们可以在网络平台上创设实名认证的空间页面，师生在空间平台上进行学习和互动交流。

2015年河南牧业经济学院创建了网络教学平台系统，这一系统是在Sakai教学平台的基础上研发的远程教学系统，该系统采用"引领式再现学习"的理念，通过课程空间、课程大纲与资源、论坛等形式，在师生与学习内容之间建构多元化的交互渠道，将学生的多个感官激发出来，为学生创设一个真实的虚拟课堂体验环境，从而有效地实施多模态互动教学。

实施英语网络空间教学之后，师生可以摆脱时空的限制与障碍，在即时问答、论坛等多个项目下展开有效的互动，这样不仅加深了教师对学生的了解，还能够使彼此的关系更为融洽。通过网络空间，教师可以批改学生的作业，学生也能够在规定时间内随时将自己的作业提交上去，实现作业的先交先改、及时反馈。这不仅节省了纸张，还为师生提供了一个互动的平台。

当然，网络空间平台发挥作用的关键在于学生能够积极参与，学生需要登录到网络空间中完成作业、书写心得，也可以与其他伙伴分享自己的学习音频、视频等资料，这就让学生真正成为学习的主体。在网络空间平台上，学生将自己的感官调动起来，激发自己学习英语的兴趣，提升自己的学习效果，实现自己的有效学习目的，这也是多模态互动教学有效实施的体现。

二、利用慕课开展教学

（一）教学参与者的信息技术素养要求

基于慕课的混合教学与传统的网络教学辅助平台应用最大的区别是，基于网络平台的教学主干流程替代了传统的以课堂教学为主干的教学流程，网络应用已经由课外的辅助应用变成了贯穿混合教学流程始终的主线，因此在基于慕课的教学系统中，对慕课平台和网络环境等技术支撑环境，以及对所有教学参与者的

第六章 高校英语专业课程教学的网络渗透探索

信息技术素养的要求都比以往的传统网络辅助教学提高了一个甚至若干个层次，因为对网络化教与学的应用已经由可选的、弹性的需求变成了必需的、刚性的需求，这对所有教学参与者的信息技术素养都提出了更高的要求，也是所有教学参与者在慕课时代面临的重大挑战。

因此，在实施基于慕课的混合教学之前有必要对所有教学参与者进行相应的信息技术强化培训，并且建立系统的信息化教学运维支撑体系，在教学过程中持续地为师生提供技术支持服务，从而潜移默化地提升师生的信息技术素养。

基于慕课的混合教学所必需的信息技术素养至少包括：熟练使用各种终端访问慕课平台，包括学校教学环境中的教室电脑和公共机房电脑，以及个人的笔记本电脑、平板电脑、手机等移动终端；学习并掌握互联网相关的法律法规，具备网络安全意识，在基于网络的学习过程中注意保护个人账号和数据，同时不要在教学和学习过程中发布违反法律法规的内容和信息；掌握一些基本的网络技术，包括各种环境内的网络接入，比如学校的校园网认证上网和 WiFi 接入、家中的宽带接入、VPN 接入、运营商的移动网络接入等，并能够对网络故障进行一些基础的简单调试，例如，查看操作系统的网络连接属性、查看是否获得了正确的 IP 地址，能够通过 ping 命令和网速测试软件判断网络是否畅通、是否稳定等；在自己的个人电脑和移动终端中确保系统安全，坚持使用正版软件并保持更新，避免使用可能包含木马的盗版软件，随时保持操作系统自动更新并定期手动检查，在系统中安装安全防护软件并定期扫描等；理解当前互联网的主流已经从传统基于 PC 网页浏览器的网页，全面过渡到基于跨平台、响应式、多终端兼容的移动网页，因此首选的网页浏览器应该是对 HTMIS 和 Jav Seript 支持较好的现代浏览器，这些浏览器包括但不限于 Google Chrome、Safari、Firefox、Edge、大部分 Android 和 iOS 智能手机和平板中的 Web 浏览器等等，如果选择其他浏览器时应该了解该浏览器是否兼容 Chrome 或 Webki，避免使用老式的、长期不更新的 IE 浏览器；掌握一些基础的互联网内容和资源开发技术，了解网页的构成元素，清楚适合在互联网中传播的媒体格式，特别是教师除了使用慕课平台中现有的课程视频资源外，建议所有教师都掌握手机录像剪辑和 Catasia 等录屏软件的操作，从而能够由个人录制一些微课发布给学生作为慕课课程的补充内容，真正体现混合教学的意义和价值。

（二）慕课教学≠慕课平台

由于基于慕课的混合教学是对传统教学模式的流程重构，不仅仅是简单的信息技术应用，必将触动教师的传统教学观念和工作模式，甚至是触动教师的个人利益，这些问题与技术问题交织在一起，使慕课教学模式的施行势必会遇到一系列问题和阻力，因此学校教务管理部门和教学单位的首要工作目标应该是区别并梳理各种矛盾和问题，对症下药，多管齐下地予以逐步解决，切忌以点带面，放大次要矛盾而忽视或回避主要矛盾，从而使问题复杂化，导致关键问题更加难以处理。

在基于慕课的混合教学模式的应用过程中，很多学校常见的一个认识误区是将慕课教学模式等同于某一个慕课平台，这种认识的实质是本末倒置，完全曲解了慕课教学模式存在的目的和意义。诚然，一个稳定、可靠、资源丰富的慕课平台是开展慕课教学的基础，但换一个角度思考可以很容易得出结论，慕课是一种新型的教学模式，并不是一个特定的课程平台或软件，应该从更高层次进行教学模式设计，也就是说，应该先根据教学目标来确立慕课混合教学的思路和模式，再来寻找和组织合适的慕课资源应用于教学，而不是围绕一个特定的慕课平台软件来进行教学设计，将对特定平台或软件的使用等同于慕课教学。

或者进一步说，即使没有现成的慕课平台，慕课教学也应该可以通过教师搜索、选取互联网资源或自己录制课程视频来开展，因此对慕课混合教学的正确认识和教师提高教学质量与效率的内驱力才是推动慕课教学的核心因素，在此之上，学校只有积

第六章　高校英语专业课程教学的网络渗透探索

极完善外部环境和条件,多方并举,多管齐下,才有可能形成合力,促使慕课混合教学顺利施行。

（三）慕课教学的目的和意义

时刻保持对混合教学目标的清醒认识,是确保慕课教学按照教学规律顺利推进和发展的重要前提。目前一些在引入混合教学的过程中或多或少都有追新、赶潮流的跟风心理,但不管出发点如何,都应该时刻反思慕课混合教学的作用和意义,一切以提高教学质量这个根本目的为核心,积极整合各种资源为教学服务。

具体而言,慕课首先为学生提供了优质的学习资源,这对帮助学生掌握学科课程知识,扩展学生的视野肯定有莫大的帮助。其次,慕课教学模式极大地压缩了本校教师的课堂讲授式课时,并通过信息化、网络化的软件平台和工具提高教学管理与教务数据处理统计的效率,总而言之,就是将教师从循环往复的机械性教学流程中解脱出来,给予教师更多的时间与空间来组织更加深入、更加丰富的教学内容。在教学效率提高后,节省出来的时间用来干什么,应该是每一位参与慕课混合教学的教师都应该思考的问题。

自古以来,我国的传统教育理念就强调"因材施教"的重要性,"因材施教"是宋人对孔子教学方法的概括,程颐说:"孔子教人,各因其材。"朱熹写道:"圣贤施教,各因其材。小以小成,大以大成,无弃人也。"简言之,"因材施教"的核心思想就是承认并正视学生的差异性,在教学过程中根据不同学生的特点有针对性地进行教学,最终的目的是启迪学生,充分发挥学生的潜力。"因材施教"的提出已有上千年的历史,道理也非常简单,但在传统教学中一般很难实施,特别在当今教育规模飞速扩大的时代,教师机械性地完成讲授式课堂教学,再做一些作业和试卷批改,最后完成成绩统计上报等教务工作,基本就占用了100%的教学工作时间,要想因材施教几乎没有时间和空间条件。因此,推行慕课混合教学是在信息时代实施因材施教的重要途径,教师从机械重复的教学工作中解脱出来所节省的时间和精力,完全可以充分投入到因材施教的差异化教学工作之中,这在高等教育,特别是通识教育课程中就显得更为重要。

学生,特别是需要学习通识教育课程的低年级学生,正处于从基础教育阶段的应试教育思维向高等教育阶段的实践思维、批判性思维、创新性思维过渡的关键阶段,通识教育课程的选课学生往往来自不同的学院和专业,文理科专业背景也不同,知识结构和学习能力差异也很大,这就更需要教师根据学生的专业背景和知识结构对学生分门别类,有针对性地组织教学内容,布置相应的学习任务。在分类教学的基础上,还可以给予学生更多的人文关怀,根据学生的个体特点,进一步一对一地进行在线或面对面的教学辅导。

需要特别注意的是,慕课混合教学模式通过提高教学效率节省出的教学劳动时间,仅仅是为提高教学质量和精细度提供了一种可能性,具体是否能够真正起到实效。还要看学校和教师是否都有充分的认识并付诸行动,只有教师能够潜心教学,追求教学质量的提升,校方能够积极创造保障条件支持教师投入教学,多方相向而行,形成合力才能产生效果,否则很有可能沦为通过慕课来应付教学工作的投机取巧之举,最终只会因偷工减料而造成教学质量下滑。

(四)慕课与"仪式化"的课堂教学

基于慕课的混合教学如果能够顺利应用于的日常教学中,对于教师教学和学生学习而言,都将是时间和空间上的极大解放。学生学习拥有了更大时空上的自主性,教师也可以腾出更多的时间和精力进一步充实教学内容,对学生进行更多的个性化教学,教师的教学活动和学生的学习活动不再是以课堂为中心。这是对传统课堂教学模式的重大翻转与重构,所有混合教学的参与者,包括教师、学生、教学管理者等都应该首先直面并接受这种教学模式的变化。

第六章　高校英语专业课程教学的网络渗透探索

对慕课教学的一个常见认识误区是试图将课堂教学模式的流程和要求原样照搬到网络学习空间中,这种思维是很典型的生搬硬套,其根源是对课堂教学模式的惯性思维和迷恋,这种思维简单地把课堂教学等同于教学,特别是对课堂教学中"仪式化"的授课形式有着较为片面的认识,认为只有通过课堂中"先点名、教师讲、学生听"的仪式感强烈的教学形式,才能保证教学效果。课堂教学的"仪式感"并非不重要,但主要作用是在中小学生的纪律意识的形成阶段规范青少年的行为,使其养成良好的课堂学习习惯。

但在学生步入成年的阶段仍然一味强调课堂教学的"仪式感",往往适得其反,难以调动学生的学习积极性,更为严重的是,有可能影响对学生实践意识和创新意识的培养。因此,在慕课教学设计中,如何在有限的线下教学课时中组织合理的教学内容,设计能够充分调动学生参与度的课堂教学或实验实训形式,是需要每位承担慕课混合教学工作的教师认真思考的首要问题。

无论哪一个门类的课程,线下课堂教学或者说是线下教学活动的设计,都应该明晰的一个思路和目标是活动的"精品化",或者换句话说是发挥"仪式化"教学中的优点,通过设计和组织内容丰富、参与感强、令学生印象深刻的线下教学活动,使"仪式化"教学在时间和次数上压扁、精简,在内容和过程上提高质量,最终实现具有"精品仪式化"特点的线下教学活动。从而弥补纯线上慕课学习在人际沟通、交流、互动方面的不足,同时又可避免过多平淡的、千篇一律的、缺乏设计的"仪式化"课堂教学使学生审美疲劳和觉得枯燥乏味。

第七章 高校英语专业课程师资力量的培养

高校英语专业课程质量的提升离不开师资力量的壮大。作为专业英语教师,在一定程度上影响着英语专业课程的教学效果。目前,我国高校英语专业课程的师资力量薄弱,存在很多问题。只有将师资问题进行有效解决,才有助于从整体上改变高校英语专业课程的教学水平。本章主要针对高校英语专业课程师资力量的培养展开分析。

第一节 高校英语专业课程教师的能力现状

目前教师的发展面临着很多问题。正是这些问题的存在制约了教师的发展。教师的发展问题已经成为一个新的、迫切需要解决的问题。

首先,对教学要求越来越高。随着大学英语改革的深入,学生的听说能力迅速增强,大学英语教学取得了显著的成果。进入专业英语的学习之后,大学生不仅希望提高专业英语的阅读和写作能力,而且对专业英语的听说能力也提出了要求,这对于教师而言就是一种挑战。目前,高校不断推进人事制度改革,学校对教师的教学考核标准也发生着改变。考核内容除了教学工作量以外,还涉及教学方法和手段、试卷管理的规范化、学生评教的成绩、教师对学生网上自主学习的监控实施情况、教学科研成果等。这些综合的教学业绩考核与职称挂钩,督促教师不断更新观念,改进教学,教师的教学难度大大增加。

第七章 高校英语专业课程师资力量的培养

其次,科技发展和知识更新迫使教师不断学习。在知识爆炸的今天,新科学、新技术层出不穷,特别是一些交叉学科的出现,新知识、新概念不断涌现,一些新的学术成果已经快于教科书的更新。而专业英语又是依托于专业知识而存在,专业知识不断更新就给教师提出了更多的挑战。一个合格的教师不能只是英语方面的"专家",更要对专业知识有所了解和掌握,对相关的交叉学科更要有所知晓,这对教师的知识结构和知识面都提出了更高的要求。此外,多媒体课件的制作技术、网络技术应用已经成为每位教师所应必备基本素质。如何利用网络资源获取信息知识,如何掌握使用电脑工作软件为教学科研服务等都要求教师不断学习。

一、教师的教学理念不强

教师由于教学工作量大,用于科研的时间较少,导致教师没有时间对教学效果进行反思,无法及时更新教学理念,教学失去了原创性,成为年复一年的重复。而现在,在知识经济全球化的推动下,高等教育理念发生了根本的转变,高校教师的角色也发生了改变。如今的高校教师不仅应是知识的传授者,更应是学生智慧的开发者。培养大学生的创新能力和创造精神是素质教育的落脚点,也是高校教育改革的发展方向。教师不仅要引导学生进行专业英语的学习,更要结合自己的教学实践,培养学生的创新意识和创新能力,这是教师,也是高校教师的新职责。[①]

二、教师的整体结构欠合理

根据笔者做的一份调查问卷的结果显示,目前专业英语教师的师资结构欠合理。就男女比例而言,绝大部分为女性,男女比例失衡;就年龄层次而言,30岁以下的教师占了67.8%,40岁以

---

① 刘小娟著.职前英语教师的专业课程观研究[M].西安:陕西师范大学出版总社有限公司,2020:10.

上的教师占了12.7%,中间层缺失,年龄结构缺乏一个合理的、有层次的递进;就学历层次而言,87.6%的教师拥有硕士学位,仅有1%的人拥有博士学位。这反映了专业英语师资队伍离优化、精干、高效的目标还有相当大的距离;就毕业学校而言,仅有50%的教师从师范专业毕业,其余的教师为非师范院校的教育背景。由此可见,专业英语教师的整体结构欠合理,需要在男女比例、年龄、学历等各个层面进行优化,确保专业英语教育教学的成效。

三、教师的科研水平有待提高

由于专业英语教师的教学工作量大,因此很少有时间去从事科研活动,在科研成果上表现出成果少、层次不高。大部分教师在发表论文、著作出版方面面临"瓶颈",难以找到突破口。加之,由于大部分教师为青年教师,他们获取科研资助的渠道少,大部分竞争性的科研项目被一些部门垄断,在科研上缺乏资金支持,难以围绕一个研究方向持续努力。在自身发展方面,由于现在高校科研考核指标都被量化,数论文、数专利、数引用,忽视了学科、专业、研究领域和研究方向的差异性,因此使得专业英语教师在科研上举步维艰。

四、教师自我发展的自主性不强

专业英语教师作为高校教师,而高校教师的发展是长期的、全面的、系统的过程。高校教师作为高等教育的施教者所要承担的责任和要求很多。要想成为一名优秀的高校教师,需要付出十足的努力,长期的埋头苦干、淡泊名利。在这样艰苦、长期的过程中,有些教师便放弃了,退缩了,导致自我发展的内在动力不足。

第二节　高校英语专业课程教师的能力提升路径

一、转变教师角色

进入21世纪以来,全球化对中国的影响越来越深,对国民外语的要求也越来越高。在大学英语教学改革的大背景下,教学目标也随之发生了变化。这种教学目标的变化以及对新的教学理念的提倡,网络自主学习平台及多媒体等现代教学手段的使用,产生的一个显著影响就是大学英语教师的课堂角色发生了显著的变化。对于教师而言,如何适应新时期的挑战,尽快实现职能和角色的转变变得格外重要。

(一)角色职能的变化

根据现代教学理论,教与学的本质属性是教师价值引导和学生自主构建的辩证统一,因此现代教师已经不是课堂教学的核心,与之相应的角色职能也发生了改变。教师一方面要改变传统教学中学生消极被动地接受知识的状态,把教学视为通过自主活动构建学习意义的过程,使学生真正成为知识意义的建构者;另一方面要改变教师单向传递知识的教学行为,树立以师生共同参与、促进发展的教学理念。

教师首先是课堂活动的推动者、促进者和协调者,教师的作用是使学习者顺利地完成活动任务,其手段是通过"讨论问题、提供建议等,而不是告诉学习者做什么"。美国人本主义教育学家Rojis在对传统教育进行深刻反思的基础上提出,教师是促进学生自主学习的引导者,而非只注重"教"的教师。教师作为学生学习的推动者、促进者和协调者,不仅要引导学生掌握知识,更重要的是要引导学生形成正确的学习态度,养成良好的学习习惯,掌握学习策略,提高认识能力和发展能力;帮助学生建立适当的学习目标,并确认和选择达到目标的最佳途径;创设丰富的教学情景来激发学生的学习情趣,增强学生学习的主动性和自觉性;建立一个互动、交流、宽容的课堂气氛,教师与学生可以相互交流知识,交流情感与观念,形成师生的"学习共同体"。引导学生进行网络自主学习,提高学生的自主学习能力。总之,现代化教师的职能已不再是传统的知识传授者,而是学生学习的引导者和促进者。[①]

教师还是课堂活动中的参与者。在课堂教学中,师生之间的关系是一种合作关系,师生共同学习、共同研究,成为一个学习共同体。教师是学生活动的参与者,成为学生活动小组之中的一员,直接在小组内部贡献思想,而不是以局外协助者的身份推动学生交流互动。但教师作为参与者,需要注意参与的分寸和尺度。过度参与会造成学生以教师为中心,随教师的思想行动,无法发挥学生的主观能动性,使师生关系重新回到传统的教学模式中和不平等的关系中。

教师在课堂活动中还是管理者。根据 Tarone and Yule (1989)、Larsen-Freeman(2000)和 Richards and Rogers(2001)等人的观点,即使采用不以教师为中心的交际教学法,教师也要实施某些以学生为中心的管理技术,如营造适合交流的课堂环境和课堂氛围,组织分组活动,创建沟通信息的需要,提供交际策略等,这就要求教师必须成为课堂的管理者。这种管理包括给学生提供合适的学习材料,指导学生采用各种方法收集和使用学习材料,安排课堂小组活动,观察学生的表现,组织表演,掌握节奏,做出判断等。同时,教师也不可管得太多,管得太多会压抑学生的想法和创造力,其角色有可能又转化成课堂的主宰者。因此,现代化的教师要实施恰当的管理,这影响着课堂活力、效率和教学效果。

---

① 梁虹.高校专业英语教育改革研究[M].西安:陕西师范大学出版社,2016:35.

（二）角色重点的变化

随着教师职能的转变，教师的角色重点也发生了转变。

首先，教师的教学重点不再是传统的传递知识，而是教学的优化者。现代教学理论认为，教学过程包括教师、学生、教学内容、教学媒体等要素，因此，教师要提高教学效率，就要充分利用各种教学条件，调动各个教学因素。要实现这一点，教师要根据教学规律对教学过程和教学资源进行科学的设计和配置，依据先进的教学理念，借助现代化的教学手段，制定出最佳的教学策略，重组课程传递方式，使教学过程成为师生共同学习、情感交流和心灵对话的过程。学生在教学中不仅得到知识的启迪，更成为一种身心愉悦的过程。教师不断优化教学过程，从而不断提高教学质量。

其次，教师的工作重点也发生了变化。在过去，教师的工作重点只是"上好课"，现在除了完成正常的教学工作以外，教师还要不断学习，从"教书匠"向"学者型"教师的角色转变。教师要不断更新自己的知识，完善自己，发展自己，不断扩大自己的知识视野。教师还要成为一名研究者。教师通过参加教育科研活动，将丰富的个别化经验加以概括，深化对教育教学客观规律的认识，并在新的实践中加以检验，完成"实践—认识—实践"的飞跃，因此教师不仅是一名知识的传递者，更是一名学习者和研究者。再者，教师的作用不仅在于传递知识，教师还是学生心灵智慧的启发者。教师要具备人文素质，指导学生过智慧生活，培育学生学会求知的能力，学会做事的能力。教师在传递知识的过程中帮助学生树立正确的世界观、人生观和价值观是现代教师应承担的责任之一。

二、顺应教师发展模式

目前我国高校对教师的培养较少，造成教师的师资不足，因此教师的培养变得非常重要。教师作为英语教师，其发展必然有其自身的特点和发展模式。

（一）教师的发展内容

作为英语教师,首先要具备英语教师的基本素质。传统观点认为,英语教师必须具备以下三个方面的素质：英语学科知识,即专业技能(能教)；教育专业知识,即教学技术(会教)；教育专业精神,即师德(愿教)。教师由于所从事的教学不是一般的专业知识,而是专业英语,因而其发展内容必将更加丰富。

1. 先进的教学信念

教学信念是教师自己选择、认可并确信的教育观念或理念。对于教师而言,教学信念包括教育观、学生观和教育活动观,以及专业学科学生的特点和学习性质的信念、学科价值信念等。教师信念制约教师的行为,比知识更能影响其教学行为。目前,大学英语教师扮演的角色发生了根本性变化,由知识的传授者转向参与者、组织者和促进者,由原来的面向全体学生转向现在的面向全体和面向个体相结合。这就要求每一位教师,包括大学英语教师必须具备先进的教育思想,树立生本教育理念(关注每一位学生的智力和人格的协调发展)、合作学习理念(师生关系是合作学习关系)和终身学习理念(自主学习和终身学习能力)。

树立先进的教学信念,需要从培养教师的责任和意识开始。教师所承担的责任关系着祖国的未来,通过教学活动,每一位教师都要使自己的学生感到知识上的满足和人生的收获。作为一名教师,在课堂教学中要引导学生树立正确的知识观,在探究专业知识时坚持"科学性",培养学生实事求是的精神。树立先进的教学信念,还要求教师不断提高专业英语自我意识。教师专业自我意识就是教师对教育情境中自己专业现状的总体认识、评价、体验和期望。如何认识专业英语的发展,决定着教师行为和教师本身的发展。教师要不断反思自己的专业英语教学,认清自身存在的不足,制定中长期的发展规划,使自身的发展和学科的发展、

第七章 高校英语专业课程师资力量的培养

学生的需求、社会的需求结合起来。教学信念的树立不是一朝一夕可以完成的,需要教师在教学实践中不断反思,借助各种信息不断调整自己的教学期望和自我发展目标。

2. 与英语学科相关的知识

作为一名英语教师,要拥有较高的科学文化素养,即指教师应具有广博的英语教学知识,包括普通文化知识、英语学科知识、专业学科知识、教学理论知识和个人实践知识。

普通文化知识是一个人对周围世界和事物最一般、最基本的了解和认知。一个人的知识体系是否完善和丰富决定了他在教学实践中能否旁征博引、触类旁通。在教学之中,不可避免会遇到各个学科的各种知识,需要教师掌握政治、经济、文艺、体育、历史、科技等各方面的知识,这样才能在教学中做到游刃有余。

英语教师首先是一名语言教师,因此扎实的汉语语言功底和修养是不可或缺的。人类语言在本质上是相同的,对汉语的扎实掌握对英语语言的学习是十分有帮助的。英语教师在教学中可以比较英汉两种语言的差异及两种语言所承载的文化信息的差异,引导学生在学习中感受文化差异,有效地传递科学信息。同时英语教师还应具备较为扎实的英语专业知识,没有扎实的英语语言基础,当然不能胜任英语教学工作。除了掌握英语最基本的听、说、读、写、译几项英语技能外,教师还应具有跨文化交际知识。跨文化交际知识能帮助学生学习外国的科技发展状况,了解中西方文化的差异,从而达到运用英语进行跨文化沟通的教学目的。最后,教师还必须重视语言学基本知识的学习。语言学基本知识对于人类语言普遍规律的揭示对于教师的教学大有裨益。教师在学习语言学基本理论的同时,可以帮助教师发现和认识外语学习规律,选择和使用符合语言学习规律的教学方法。

专业知识教师不同于普通英语教师,还必须掌握专业知识。专业知识是课堂的主要内容,教师在课堂上不仅要讲述专业英语的背景知识和前沿知识,而且要对一些重点的专业术语进行讲解,这就需要教师熟知专业知识,保证专业知识信息量的摄入及其有效性。对于英语专业出身的教师而言,专业知识、专业术语是教学中的难点,需要教师付出相当多的努力。教师可以通过听课、培训、学习等多种方式来实现对专业知识的掌握。

理论知识属于高等教育的一部分,教师因此要掌握教育学、心理学等各个学科的知识,并应用这些学科的基本理论、基本原理和基本规律来指导教学,使教学工作符合教育基本规律。作为一门大学英语课,英语教学理论也是教师应该掌握的内容。英语语言教学理论中各个语言教学观点、语言教学流派是对英语教学的概括和总结,教师可以参考和借鉴。要根据中国学生的特点和中国的国情,在实践过程中形成自己的教学观点和教学风格,使教学能更符合学生的生理和心理特点。另外,语言学、文学、翻译学的理论和实践也是教师的必修课之一。

实践知识教学是教师获得感性认识的最佳场所。经过一段时间的课堂教学,每位教师都要善于总结,善于反思。每堂课下来,每位教师都会对这堂课有各种感觉,或兴奋,或抑郁,或失落。这些感受正是促进教师改善教学的最佳机会。教师要总结每堂课的教学成败,调整教学方法,从而得到一种深切的教学实践体验。及时总结、善于反思是教师改进教学的最佳手段。教学本身便是与实践密切相关的一门课,在实践中总结经验、形成理论是教师迅速成才的必备条件。

3. 教学能力

(1)教育能力。教师作为高校教师,承担着教书育人的社会责任。教师传授的不仅是学科知识,更要引导学生树立良好的人生观和世界观,形成正确的学习方法,保持对知识的好奇心,在学习的过程中不断探究知识,培养学生的自我发展能力。随着全球经济一体化的发展,国家之间的交流日趋密切,学科的育人价值得到大幅度提升。因此,教师应具备育人的素质来实现学生的全面发展。

第七章　高校英语专业课程师资力量的培养

（2）传授知识能力。教师不仅要具备学科知识，更要具备传授学科知识的能力。教师根据教学大纲，将本堂课的重点和难点呈献给学生，要做到讲授生动、清楚。课堂教学是教师教学能力的综合展示，需要应用到传授知识的各种技巧。传授知识的技巧需要教师掌握一些课堂教学的微技能，如言语技能训练技巧、语言基础知识的教学技巧、课堂活动的组织技巧以及板书设计技巧、提问技巧等。这些技巧需要教师在课堂实践中慢慢体会，逐步掌握。

（3）课堂教学能力。课堂既是英语课堂，又有其本身的特点，课堂的最大特点便是对学生的语言应用能力的要求。如何提高学生的语言应用能力，提高教学效果，增强课堂活力便成为检验教学成功与否的标志。现代教育理论提倡"以学生为本"的教学思想，这使教学更具有挑战性。教师不再是唯一的语言知识技能的传授者，而是学生学习能力的引导者。教师必须精心设计教学环节，组织各种教学活动，运用丰富的教学语言，在轻松愉快、和谐放松的课堂氛围中有针对性地指导学生学习，在不断的练习和实践中提高他们的语言应用能力。作为一名合格的教师，应该在教学实践中不断增强自己的课堂教学能力，正确引导学生进行学习和应用。

（4）灵活应用教学方法的能力。在外语教学中，教学模式和教学方法众多。在教学法的理论中，每种教学法的目标、途径、要求、进度、技巧等都有详细的说明。但在实际的教学工作中，教学方法不是固定不变的，教师要根据教学内容、学生水平、课堂氛围进行灵活的应用。而在更多的情况下，教师必须在教学中力求适应学生的个体差异，合理借鉴前人的教学方法，选用切合实际的教学方法并创造新的教学方法。教师在讲授专业英语课程时，更要根据每篇课文所涉及的不同专业领域和学生专业水平的差异来灵活选用教学方法。

（5）正确处理教材的能力。教材在教学中起到灵魂的作用，正确使用并灵活处理教材是一名合格的教师的标志之一。专业英语教材十分丰富,针对同一专业便有数十种教材,选择适合自己学生水平的教材便成为教师的任务之一。但不论选用什么教材,教师首先要做的是"吃"透教材,领悟一本教材的精髓,在课堂上合理安排教学的进度,课下组织学生完成有针对性的课后练习,引导学生完成从理论到实践应用的循环。除此之外,教师还要"走"出教材,不局限于教材所涉及的教学内容,以教材为蓝本创造性地使用教材。从学生的兴趣、爱好及个性化特点出发,有针对性地选择、扩宽或增减教学内容,做教材的"主人"。

（6）科研能力。一名合格的大学教师应该具有一定的科研能力。在教学中,教学和科研是相辅相成的。在教学实践中,教学给科研提供了研究课题,教师将在教学中遇到的问题和困惑,教学中的一些闪光点上升到理论高度,从理论的角度研究教学,从而又促进了教学。在教学实践中,教师的知识结构、教学思想等都会受到挑战,教师通过科研活动调整自己的知识结构,改进教学思想,对迎面而来的新的教育思想和改革中出现的新问题进行积极的探索和研究,具有高水平科研能力的教师对教学中出现的问题认识会更深刻,更有利于促进教学。

（7）反思能力。教学反思可以帮助教师发现自己在教学行为中出现的问题,通过探究问题、解决问题,最终达到提高教学质量、更新教学理念及自我发展的目的。课程灵活性较强,需要教师在教学的每一个过程进行反思,形成感性认识。在专业英语开课之前,教师要根据教学大纲、教学目标进行教学内容的安排和教学方法的选择,对一堂课的内容做出最优化的设计。在教学过程中,教师要时时关注学生的信息反馈,记录下每种教学步骤转化时学生的即时反应,对其进行反思并及时调整。在课堂教学之后,教师更要系统地对教学中的每一个环节进行反思,对教学进行归纳概括,总结教学中出现的各类问题,为今后的教学提供参考,并在反思中不断提高自己的教学和科研能力。

第七章　高校英语专业课程师资力量的培养

4. 职业道德

教师的职业道德关系到教师的声望和教育工作的成败，高尚的职业道德情操将引领着学生健康成长。教师在传授专业英语知识的同时，自身的一举一动都被学生所注意，并在各个方面对学生产生影响。教师在教学过程中要时刻注意自己的道德修养，努力成为学生心目中的道德模范。教师首先要做到爱岗敬业。爱岗敬业是全部教师职业道德的基础前提。教师要热爱自己的专业，对自己的专业充满热忱，每天都满腔热忱地走上讲台，给学生带来愉快、积极的学习情感体验，培养学生积极的学习态度和对知识的热爱。

在自身道德建设方面，合格的教师首先要遵守社会公德，还要遵守学校的规章制度。教师还要时时刻刻谨记"以学生为本"的教育思想，不仅在学习中时刻关注学生的成长进步，更要在生活中关心学生，留意学生的情感变化，尽可能地疏导学生。教师不仅要把自己当成是一名普通的任课教师，更要时刻牢记一名教师的职责，在各个方面努力尊重、关心每个学生，使学生迸发出强烈的学习热情。

5. 教育技术

现代化教育离不开现代化的教育技术，而现代化教育技术在当今社会变得越来越多元化。教师和学生每天接触的信息量成倍增加，信息技术已成为整个社会发展的最强动力之一。特别是专业英语这门学科，专业信息日新月异，英语资料触手可及，如果没有强有力的信息技术，就无法向学生提供最新的学科知识，因此，掌握现代信息技术是教师的必备素质之一。

(二)教师的发展模式

根据我国国情及教师的实际情况，目前教师的发展模式主要有以下四种：合作模式、培训模式、自我发展模式和网络模式。

1. 合作模式

对于目前的教学而言,师资问题是阻碍该课程发展的最大障碍。专业教师懂专业知识但不擅长语言教学,外语教师精通语言但不懂专业知识,因此二者的合作就变得十分必要了。专业英语课程中的合作式教学,被称为 team-teaching 或 co-teaching,指的是具有某一特定专业背景的专业教师和语言教师合作共同教学。国外很多学者都认识到合作教学的重要性,并对其可行性进行了研究。20 世纪 70 年代末,Kennedy 就提出专业教师和语言教师进行合作,并一直为他所提倡。Dudley-Evans 利用他开展的教师与专业教师合作教学的实验项目证明了合作教学的价值。合作教学为解决的师资问题提供了一条有效途径。

在专业英语教学领域,要实现专业教师和语言教师的合作必须具备以下四个条件。第一,双方都有强烈的合作意愿。专业教师可以向语言教师学习语言教学的知识和技巧,语言教师可以向专业教师学习专业基础知识,双方在互相学习中共同进步,共同提高教学质量,这成为双方互相合作的首要条件。第二,双方都十分清楚各自的职责。专业教师和语言教师在各自的职责范围内合作,不对对方的专业领域指手画脚,不为对方的无知感到可笑,尊重对方的专业知识,尽职尽责,确保双方的合作愉快进行。第三,双方要共同合作、共同努力。真正的合作是双方一起努力,为实现教学目标而共同学习。第四,学校要在各个方面给予支持。学校要积极创造条件确保双方教师合作的进行。教务部门在排课时可以给双方教师一个共同的课下时间进行备课、学习,进行课堂反馈。在工作量统计方面,专业教师和语言教师教授专业英语课可以适当增加教学系数。在学校和双方教师的努力下,实现双方教师的精诚合作,解决师资问题。

课程中专业教师和语言教师合作的形式有很多。Cunningham 将其分成四种类型:小组领导型,即有一个固定的领导教师;合作型,也就是说,谁为领导教师是由当时的情形决定的,一般情

第七章　高校英语专业课程师资力量的培养

况下,共同拥有平等的决定权;老手—新手型,即有一名经验丰富的教师引导一名新教师开展教学;平等合作型,即一个组的教师共同计划。这四种类型在理论上是可行的,但在实际的教学工作中专业教师和语言教师并没有太多的共同实践组成固定的合作团队,合作的形式就必须根据具体条件进行适当的变化。根据我们的教学条件和教师的具体情况,以下四种形式在实践中较为可行。

第一,专业教师和语言教师利用现代化的教学手段进行"全方位"的合作。专业教师和语言教师突破时间、地域上的限制,利用网络,如QQ、MSN、论坛等方式,共同分析学生需求,共同备课,共同选取教学材料,设计教学活动,探讨教学问题,并从两方面对学生的反馈进行整理。在网络上相互交流授课经验和知识,两方面的教师共同学习。然而在上课时并不需要专业教师和语言教师共同到场。这种合作形式是最理想的方式,双方教师取长补短,及时交流,又没有时间和地点的限制,在形式上比较灵活,但缺点是双方教师必须具备强烈的主观意识,如果有一方不积极主动,整个合作将流于形式,起不到实质作用。

第二,专业教师和语言教师可以采取"协作"的方式。在这种合作形式中,专业教师和语言教师明确分工,各司其职。专业教师负责选择教学材料,对材料中的基本概念、基本理论进行简要说明,指出材料中的重点所在,并随时准备回答语言教师在专业问题中提出的问题;语言教师负责设计课堂活动,将语言学习和课堂重点结合在一起,整理出具有语言特点的词汇、句型,并结合专业知识进行翻译训练。在课后,专业教师和语言教师进一步合作。语言教师将学生上课的表现,对专业知识的困惑,课后作业的完成情况反馈给专业教师。专业教师根据学生的反馈在选取材料上要慎之又慎,在上专业课时对专业知识进行强化。语言教师从语言学习的角度,对学生的语言能力进行评估,调整教学方法。"协作"的合作方式对双方的责任和任务进行明确分工,双方教师都十分清楚自己的任务,避免了双方互相指点,互不相让的情况出现,在协作中解决教学问题。但这种协作形式将专业教师置于"幕后",使专业教师脱离教学实际,不利于教学工作的进行。

第三,专业教师可以以"指导员"的身份参与到语言教学之中。专业教师可以定期举办一些科普讲座,解决语言教师有关专业知识的一些困惑。专业教师还可以参与到语言教师的备课之中,对语言教师处理不妥的地方给予更正。专业教师可以将专业学习中的语言问题反映给语言教师,双方共同探讨解决方式,并指导学生的学习方法。总之,专业教师对于语言教师起到"指导"的作用,解决语言教师在专业知识方面的困惑。这种合作方式可以减轻双方教师的工作量。但这种合作方式比较松散,难以执行和监督。

第四,专业教师和语言教师开展课程互评,共同学习。专业教师和语言教师都可以定期旁听对方的课,从自身的专业角度评价对方课程,给予和提出指导意见。这样教师可以直接获得教学反馈,双方都可以获得最准确的教学参考意见。但这种形式需要双方开诚布公,并且双方需要达成一致意见才能取得良好的效果。

双方教师不论采取哪种合作形式,对于双方教师而言都是发展的好机会。专业教师在接触语言教师的过程中,了解了语言学习的规律,增加了自己的语言知识,提高了自身的语言能力,这些都为他们以后进行双语教学或出国进修做好了准备。而语言教师可以熟悉专业词汇,学习专业知识,了解该专业的发展情况,在进行教学时,对学生的学习背景有所了解,可以更好地安排教学内容和设计教学活动。有了专业教师作为合作伙伴,可以大大减少学习和备课的时间。双方的合作活动对于双方而言是双赢的。对于学生而言,学生可以从专业和语言两个角度,在仿真的环境中发展自己的语言能力,使自己的语言能力跟上专业能力的发展,在将来的专业学习中突破语言的障碍,拓展自己的发展空间。

第七章 高校英语专业课程师资力量的培养

2. 培训模式

（1）应用校本培训。校本培训是师资培训的一种新形式，是指学校根据发展规划，在对本校教师的现状和潜力进行系统评价的基础上，充分利用校内外的各种资源，通过自行规划设计或与专业研究机构、研究人员合作方式开展的，旨在满足学校发展需要，促进教师教育能力和水平不断提高的全员培训活动。在高校有很多经验丰富、知识系统的专家、教授，他们所拥有的不仅是专科知识，更重要的是这些专家们的探索精神。

他们使每一位教师处于一种不断学习的氛围之中，使每位教师的教育能力、思维创新能力不断提高。应用校本培训可以直接利用学校所提供的信息，更加适合学校的教育教学实际。通过学校的积极组织，全校教师都参与进来，提高了教师的积极性，也便于教师之间互相交流。通过应用校本培训，可以把全校的积极因素调动起来，节约教师的师资成本，在实践中方便应用，是提高培训效率的方法之一。

（2）在学生中培养教师。有很多学生英语基础好，对英语有浓厚的兴趣，在学习的同时可以作为重点培养对象。经过几年之后，或是他们接受更高的教育之后，可从这些学生中选拔合格的教师。这种方式效果好，这些学生既接受过专业知识的系统培训，又接受过语言训练，毕业之后从事教学十分轻松自如。

（3）要提高培训的有效性要以受训人员为中心。在培训过程中，培训者要充当配角，受训者要充当主角。在各种培训中，受训的教师不是被动的听众和记录者，而是主动的学习者。在培训的过程中，教师要主动地参与到培训过程中去。这种参与不是出席培训的次数和时间的长短，而是实质的参与度。因此，不管采取何种培训方式，培训要以受训者为中心，通过平等对话，了解受训教师的疑惑和困难，引导他们结合自己的教学实际深入开展讨论，使他们全身心地参与到培训中来。还要给每个受训者发表个人见解的机会。可以安排小组讨论，通过讨论可以调动每位教师积极参与。受训者在思想和观点的不断交锋中共同探讨,寻求解决问题的方法,在讨论中获得新的观点,升华自己的认知。还可以安排自由提问,通过即时的自由提问,受训教师可以当场解决自己的疑问。他们在与培训人员的交流中,可以深化对理论的认识,从而对理论进行概括和提高。

（4）培训要以实践为中心。培训的知识一般分成理论知识和实践知识,但要提高培训的有效性,培训还是应以实践知识为主。实践知识影响着理论性知识的吸收和运用,支配着教师的日常教育教学行为;它是教师从事教育教学工作不可或缺的保障,是教师专业发展的主要知识基础,在教师的工作中发挥着不可替代的作用。因此,从某种意义上讲,实践性知识比理论性知识更为重要。英语本身便是和实践紧密联系的一门学科,实践知识对于教师更为有用。在接受培训之后,教师可以直接应用于自己的教学实际,实践知识进一步获得检验、丰富和完善。因此,有效培训以实践知识为中心,可以激发受训教师用自己的行动去实践所获得的认识和构想,实现理论知识向实践知识的转化。

（5）培训的形式要多样。我们传统意识中的培训便是集中培训,即选取一个固定的时间,集合一批人,听某个或几个人的报告。随着现代技术的发展,培训的手段也日益丰富。我们要积极探索利用多媒体、计算机网络、卫星电视等现代教育手段开展师资培训工作,从而拓宽培训的深度和广度。除了现代化的培训手段外,还有很多别的培训形式,如研讨法、案例法等方法都是十分有效的培训方法。形式服务于内容,不论采取什么样的形式,只要能体现培训的效果就是好的形式。在培训中要综合利用各种培训形式,提高培训的有效性。

（6）要对培训进行系统的评价。很多培训缺乏评价系统,无法检验的培训效果。还有的教师在培训时对教学十分清楚明了,但一回到教学实践中,原先培训的内容全部置于脑后,没有将所培训的内容付诸实践。对培训进行评价可以分层有序地进行。在培训之后可以进行初期考核。这种考核不仅要对受训者进行

第七章　高校英语专业课程师资力量的培养

考核,而且也应对培训者进行考核。考核的目的在于理解培训的精髓,建立培训者和受训者沟通的桥梁。在培训的过程中,做到边总结边提高,促进教师将自己的专业知识进行跨学科的总结和深化,做好知识准备。在培训的后期,要通过长期的跟踪听课来巩固培训的结果,并在实践教学中发现新的问题,以便在进一步的培训中得以解决。通过分层有序的评价系统,建立循环培训的制度,让培训者不断提高自身素质,从而加强组织培训和指导其他教师的力度。

通过有效的培训,教师可以准确掌握专业术语和中英文互译,掌握相关理论课程的基本原理,能胜任专业技术培训、讲课、会议等的翻译工作,在教学中能熟知学生需求,分析学习者的学习特点,对教学材料进行分析整理,能够进行测试的研发和设计等。

3. 自我发展模式

（1）教师必须具备自我发展意识。实践表明,教师发展不是一个自然的成长过程,只有具有自我发展意识和能力的教师才能自觉地不断促进自我的专业成长。作为语言教师,掌握复杂而陌生的专业知识是十分困难的,如果再不主动学习,那么各种各样的培训和合作都是无用的。教师的自我发展需要和意识是自我专业发展的内在主观动力,具有强烈自主发展意识的教师,可以内化学过的专业知识,主动把语言知识和专业知识结合在一起,并在实践中探索教学模式和教学方法,这是教师持续发展的动力。另外,教师的自我发展意识对其自身的专业发展还具有一定的调控作用。在专业的培训和合作发展过程中,教师会不断调整自己的专业发展方向和路线,使自身的发展和教学实践相结合,实现二者的协调发展。

（2）充分利用语料库。语料库(corpus)是指为研究语言而运用计算机处理和储存的书面的和口头的语言材料。语料库及其软件可以为某一专业某一目标共同体提供大量真实的语言材料。其中包含大量的词语的含义、搭配、形式,常见的话语特征和文章体裁等。教师在搜集语言材料时,可以利用语料库进行检索,找到最具代表性的语言材料,根据教学经验和学生的基本情况来决定上课内容,这样可以省去教师很多时间,找到省时高效的教学方法。语料库是教师教学的有力助手。

(3)实行反思性教学。反思性教学是指教师通过内省或其他方式对自己的教学思维、教学过程以及教学活动的再认识,这也是实现教师发展的另外一个有效途径。

教师对自己的教学进行反思可以分成三个阶段来进行。第一,教学前反思。教师在上课之前考虑和分析影响教学的多种因素,如教学条件、学生特点、教学手段等。在综合考虑各种因素之后进行教学设计,根据教学目标来安排教学内容和教学方法,从实际出发择优选择,可以减少教学的盲目性和随意性。第二,教学中反思。在授课过程中不可避免会出现教师预料之外的情况发生。在授课进行的过程中,教师应随时随地做出反思。教师可以根据学生在授课过程中的反应随时做出反思,及时改变教学方法和教学步骤,使教学发挥其最大价值。第三,教学后反思。在授课之后,教师对教学的全过程进行反思,思考教学的成败和原因。教师可以撰写教学日记,对自己的教学经历进行归纳和总结,使教师本人更清楚地认识到自己教学的长处和不足,为今后调整自己的发展方向打下基础。教师经常进行自我反思可以优化课堂教学,指导学生学习,启发学生思维,最后达到预期的教学效果。教师通过思考教学中出现的问题,找到解决问题的方法和策略,以此达到教师自我发展的目的。反思性教学也是一个循环往复、螺旋式上升的过程,伴随着教师新思想、新方法的形成,教师也实现了自身的发展。

第八章　高校英语专业课程评价的创新探索

教学评价是教学体系中的重要组成要素。通过教学评价，教师可以充分掌握学生的学习情况，进而调整教学方式、方法，以选择适合学生学习的教学模式来引导他们展开学习。教学评价的作用是毋庸置疑的，一直以来都受到人们的关注与重视。

第一节　高校英语专业课程评价简述

一、英语教学评价的界定

英语评价是英语教学的重要组成部分，是为及时改进教学方法而获取教学反馈信息的重要手段。通过评价，教师可以了解学生的学习情况，如语言知识、语言技能、学习态度和方法等，从而检查自己的教学质量，总结自己在教学内容、教学方法以及教学进度等方面的经验和教训，发现问题，及时加以改进。通过评价，学生可以了解自己的学习情况，总结自己在学习态度和学习方法方面的经验教训，发扬成绩，纠正错误，端正学习态度，改进学习方法，争取更好的成绩。学生参加评价的全过程，从复习、答卷到总结讲评，是学生再学习的过程。应该通过评价使所有学生在原有的基础上都有显著的提高。同其他学科的评价一样，英语评价对学生进行思想品德的教育也有着相当的作用。因为严格要求、科学安排的评价将有助于激发学生刻苦好学的进取精神，培养学生实事求是、遵守纪律的良好品德以及谦虚谨慎、一丝不苟的优良作风。

二、英语教学评价的类型

要有效地实现某种英语评价的目的,必须对各种类型的英语评价的性质和作用有明确的认识。从不同的角度看,英语评价可分为以下几种。

（一）根据评价目的区分

成绩评价（Achievement Tests）:成绩评价的目的是检查学生掌握所学教材的情况是否达到教学大纲和教材的要求。试题不能脱离教学大纲的要求,不能超越教学内容的范围。学校里一般进行的评价,如期中考试、学期考试、毕业考试,都属于这类评价。

水平（即熟练水平）评价（Proficiency Tests）:水平评价的目的在于检查应试者的英语熟练程度是否达到进行某种活动应有的要求,如出国留学、专业培训以及从事某项专业工作所应有的英语水平,等等。评价命题不一定遵循教学大纲,也不受某一特定教材所限制,可根据评价的要求制定考试大纲作为命题的依据,也可作为应试者复习备考的指南。美国的 TOEFL（Test of English as a Foreign Language）、我国的 EPT（English Proficiency Test）以及专业技术人员评定职称时的外语考试,都属于这一类型。

能力倾向评价（Aptitude Tests）:能力倾向评价的目的不是检查应试者的现有英语水平,而是判断应试者学习语言的秉赋或潜在能力,因而又称为"语言秉赋评价"。评价的内容不应是应试者所学的知识,而应是应试者的智能,如学习英语所需的敏感性、模仿力、记忆力、观察力以及逻辑推理、分析比较、综合归纳等思维能力。我国 1985—1987 年的 MET（Matriculation English test）就含有这方面的内容。

诊断性评价（Diagnostic Tests）:诊断性评价的目的在于了

第八章 高校英语专业课程评价的创新探索

解学生在某一方面的学习困难和教学上的薄弱环节,以便针对问题采取相应措施,从而改进教学。这类评价题量随需要而定,可以不记分,但应作必要的记录和统计。教师接受一个新教学班时的摸底考试也属于这一性质。

编班评价(Placement Tests):编班评价的目的在于了解学生英语水平的差异程度,以便妥善地按学生程度分班。试题的区分度要高,这样才便于鉴别学生英语水平的差异。

以上5种类型的评价并非总是彼此孤立、互相排斥的。有时一次评价可兼有两种性质。例如新生入学后的摸底考试既可作为了解学生学习困难所在的诊断性评价,也可作为分班依据的编班评价。有时在一种评价中,可以包含另一种评价的内容。例如,在高校招生考试的水平评价中,可增加一定量的能力倾向评价内容。

(二)根据语言学理论区分

分列式评价(Discrete-point Tests):分列式评价按照语音、词汇、语法等语言知识和听、说、读、写等语言技能分类编制试题,进行单项评价,如单词释义、动词填空、句型变换等,以便了解学生对某一语言项目的掌握情况。

综合性评价(Integrative Tests):综合性评价的目的在于测定应试者综合运用语言知识和技能的水平,如听写、完形填空、翻译、作文等。

在一次英语评价中,往往兼有分列式评价和综合性评价两方面的内容。初中阶段多以分列式评价为主,但也应有一定数量的综合性试题。

(三)根据评分方法区分

客观性评价(Objective Tests):每一试题只有一个正确答案,评分不受评分人主观因素的影响。例如,多项选择、填空和词义匹配等。

主观性评价(Subjective Tests):一个试题可以有几个不同的正确答案,其正确程度和评分标准取决于评卷人的主观判断。例如,问答、朗读、翻译和写作等。

(四)根据参照对象区分

常模参照评价(Norm-referenced Tests):"常模"是指同一批被测者在该次评价中成绩的一般情况或平均水平。这类考试的目的在于测定应试者之间英语水平的差异。因此,单看某一应试者的成绩,是无法确定其意义的。只有将每个考生的成绩与全体考生成绩的平均水平(也就是"常模")进行比较,才能确定其优劣。入学招生考试就是一种常模参照考试。

标准参照评价(Criterion-referenced Tests):标准参照评价是以一定的标准(例如教学大纲)为依据,检查学生是否达到既定的标准,从而判定优秀、良好、及格、不及格等级别,而不需要与其他考生成绩作比较。学期考试、毕业考试就属于这一类型。如某一考生的成绩为百分制的60分,就达到了及格的标准,不需要考虑其他考生的成绩如何。而在常模参照评价中,60分的成绩如不与其他考生成绩作比较,孤立地看就无法判定其优劣。如果该次评价,常模平均分为40分,标准差为10,那么60分的成绩则在优秀之列;反之,如果常模平均分为80分,标准差为9,那么60分的成绩则属于劣等。

(五)根据评价方式区分

口试(Oral Tests):口试主要检查考生听、说、朗读的技能和口语交际能力。

笔试(Written Tests):笔试主要检查考生的语言基础知识和书面运用英语的能力。

第八章　高校英语专业课程评价的创新探索

（六）根据评价要求区分

能力评价（Power Tests）：能力评价的目的在于了解应试者掌握英语知识和技能的情况，只了解是否懂或者会，而不要求其熟练程度。考试时间较充分。诊断性评价多属于这一性质。

速度评价（Speed Tests）：速度评价的目的不仅要了解应试者是否掌握某项语言知识和技能，而且要了解其掌握的熟练程度。因此题量较大，而且考试时间有严格的控制。

（七）根据评价规模区分

大规模评价（Large scale Tests）：这种评价由专门机构和专职人员负责组织实施，规模大，正规化程度高。目的在于供有关方面选拔人才或评定被测人员的水平。美国的 TOEFL、我国的 EPT 和 MET 以及各级教育行政部门组织的"统考"均属于这类考试。

课堂评价（Classroom Tests）：这种评价规模小，由教师自己命题组织实施，如期中、期末考试等。

以上分类是从不同角度出发所产生的不同评价名称，因此同一评价可以具有不同的名称。例如，MET，从评价目的看是熟练水平评价；从语言学理论看是分列式与综合性相结合的评价；从评分方法看是客观性评价为主兼少量的主观性评价；从评价成绩的参照对象看是常模参照评价；从评价方法看，目前对非英语专业的考生是笔试，对英语专业的考生是笔试与口试两种形式兼用；从评价要求看是速度评价；从评价规模看，是大规模评价。如果进行一次以了解学生对被动语态掌握情况为目的的小评价，则应分别属于诊断性评价、分列式评价、客观性评价（各题的答案均限于一个）、标准参照评价、笔试、能力评价、课堂评价等不同的范畴。[①]

[①] 黄文源.英语新课程教学模式与教学策略[M].上海：上海教育出版社，2004：218.

三、英语教学评价创新的原则

(一)主体性原则

所谓主体性原则,即英语教学评价主体需要考虑教学价值主体本身——学生的需求,对教学价值客体进行评价。

当前的教学强调有效教学,即发挥学生的认知主体地位,因此教学评价的对象需要从以教师为主导转向以学生为主体,对学生学习情况的评价内容与手段应该从单一转向多元,如对学生学习动机、学习兴趣等都可以进行评价。基于此,教学评价的对象才能转向学生,当然这里并不是说不对教师进行评价,只是说以学生的评价为着眼点,为学生创造更多适合学生学习的环境,且对教师的评定标准也是考虑学生来制订的。

在学习中,学生处于主体地位,但是传统的英语教学评价仅将教师作为核心地位,认为教师充当的是教育主体的地位,是知识的灌输者,而学生仅是知识的被动接受者,这样导致教学评价主要针对教师来说的,评价的内容也主要是教师的教学情况。表8-1 是一个典型对教师评价的体现。

表8-1 教师课堂教学评价表

项目	内容	权重	得分
教学目标	(1)是否体现明确的教学目标、教学大纲、教材的特点,是否与教学实际相符 (2)是否落实了教学知识点,是否培养了学生的能力 (3)是否将德育教育寓于知识教育之中	15	
教学内容	(1)教材的处理是否恰当,是否突出了重难点,是否突破了重难点 (2)教学组织是否有清楚的条理,是否简明扼要,是否准确严密,是否难度适中 (3)教学训练是否定向,是否有广度,是否保证强度适中	25	

第八章 高校英语专业课程评价的创新探索

续表

项目	内容	权重	得分
教学方法	（1）教学的设计是否得当,是否体现了教学改革的精神,是否处理好主导与主体之间的关系问题 （2）教学是否有合理的结构,是否做到教学方法的灵活性,是否将各个环节分配恰当 （3）教学是否有开阔的思路,是否采用现代化的教学手段,是否能够将学生的学习兴趣激发出来 （4）教学是否注重学习方法与学习习惯的指导	25	
教学基本功	（1）教学中是否运用了清晰、生动、规范的语言 （2）教学中是否保证书写的清晰与特色鲜明 （3）教学中是否有自如的神态,且保证大方得体	15	
教学效果	（1）教学中是否保证热烈的气氛,是否给学生留下了深刻的印象 （2）教学中是否能够面向全体同学,是否完成了教学任务,是否实现了良好的教学效果	20	
综合评价		总分：	等级：

（资料来源：任美琴,2012）

显然,从表8-1中可知这类评价主要是评价学生能否接受教师传授的知识以及接受的程度；评价学生的学习情况来对教师的教学内容与教学方法的合适程度进行审查；评价教师的学习策略是否得当等。简单来说,这种教学评价是为教师服务的,并没有展现出学生的主体地位。

（二）过程性原则

英语教学评价应该坚持过程性原则,这主要体现为两点。

其一,要全程性,即评价要在学生学习的全过程得以贯穿。

其二,要动态性,即对发展过程加以鉴定、诊断、调控等,对整个过程的发展方向加以把握。

英语教学评价对于过程评价非常关注,正是这一点,有助于提升学生的学习兴趣,增强学生英语学习的动机与主动性,从而有助于他们的自主学习。

第二节　高校英语专业课程评价的创新

一、评价进步

教师如果以促进自主学习为目标,就必须采取一些方法来评价学生在自主性方面所取得的进步。虽然很难区别学习自主性进步和语言学习进步,但是我们还是可以在一些具体项目上进行评价。这些具体项目的评价最好在语言学习过程中进行,而不是通过抽象的评价来评价学生解决问题(或决策)的能力。例如,教师可以关注以下方面:(1)学生反思学习的意愿;(2)学生评价自己进步的能力;(3)学生独立完成任务的能力。

二、自我评价

衡量学生的学习效率关键在于他/她是否能正确评价自己的语言运用能力(指理解和表达能力),即是否能满足目前和未来的学习和交际环境要求。无论是在真实的交际环境下进行的语言训练,还是课堂语言练习,学生都必须能正确判断自己的语言运用能力。学习效率高且投入时间少的学生都能正确判断自己在某一方面的语言运用能力是否能满足学习或交际任务要求。如果学生的语言运用能力尚未达到要求,却自我感到满足,那么他/她的外语能力就会停滞不前,语言使用的规范性也会受到影响。相反,如果学生追求尽善尽美,那么他/她的进步程度无论在范围或数量上都会受到局限。判断自己的能力是否充分是自我评价的一种方式。

·自我监控与自我评价:实际上,自我监控与自我评价是相同的过程,即用显性的或隐性的标准来判断一个人的语言运用能力,二者只有范围和时机上的差异。自我监控是对短时间内正在

第八章 高校英语专业课程评价的创新探索

发生的语言活动进行判断,而自我评价则是在长时间进行的语言活动过后进行的判断。自我评价要建立在自我监控的基础上,因此也包括了自我监控。

·自我评价与教师评价:到目前为止,我们常常认为评价是教师或者其他权威人士的专利。这种想法很自然,因为评价者需要精通目的语,而且还需要有能力判断受评价者的语言运用能力在多大程度上接近评判标准。此外,评价也与某个机构内部的重要决策有关,如学生该归入什么班级,是否可以进入下一个学习阶段,或者是否应该给学生颁发证书,认可其外语水平。就这方面而言,有前面的想法的确无可厚非。在以下关于形成性评价与终结性评价关系的讨论中,我们将论述评价决策权和认可学生外语水平等问题。笔者的本意并不是说教师在评价中不应该扮演任何角色,也不主张他们的角色地位应该降低,而是想说,教师还有另外一种责任,即帮助学生更善于进行自我评价。其实,绝大部分教师都以不同方式承担过这种责任,只不过没有人明确指出而已。学生如果能进行自我评价,就会越来越擅长对自己的语言运用能力做出评判。

·形成性评价与终结性评价:绝大多数评价指的是认可学生的学业成就,或者在学生未达到学业要求时,不认可他们的学业成就。这种评价通常和这样一些概念联系在一起,如"奖励""证书""候选人"等等。这就是终结性评价,即依据事先制订的标准对学生的学业成就给予公开的认可。这种标准通常与某种考试或证书联系在一起。但是,课堂中进行的评价主要是与学习过程有联系,表明学生在何种程度上达到了某种要求。这就是形成性评价,自我评价主要属于这一类。

(一)自我评价分析

高效率学习的一个重要因素是,有能力判断自己的语言运用能力是否能满足学习和交际任务的要求。这种"判断能力"包括建立适当的标准,可能是显性标准,更可能是隐性标准。学习者根据具体情况,决定自己的可接受最低标准。例如,这种标准可能包括记住某个短语的意思,或者根据"语感"判断这个短语(或其他短语)的正误。另外,这种标准可以描述为获得预期的反应,既可以是语言反应,也可以是非语言反应。比如说,它可以是超语言反应,即学生也许会留意听者的表情,以此来判断自己的信息传递是否成功。标准可以是非常不正式和非常普通的。但是,对标准分析得越多,在推动学习的过程中自我评价就可能起到越大的作用。如果学生的表现尚未达到标准,那么对存在的问题分析得越多,学习效果可能就越好。

自我评价可以包括以下方面。

· 开展自我评价的意愿和积极主动性;

· 不满意未达标准的表现,而不是冷漠处之;

· 建立内在标准,不管是自己建立的,还是参考得到的标准;

· 根据标准衡量自己的语言运用能力;

· 进行自我评价的信心;

· 意识到自我判断能力以及判断的准确性也许存在局限性。

到目前为止,我们只探讨了与目的语学习有关的自我评价。但语言学习者认为,很有必要评价他们的需求,这样才能判断某些学习目标的重要性。此外,学生应经常对学习策略进行评价,包括评价选择某个策略的原因,评价某个策略对自己的用处,以及评价自己使用这一策略的效率。

(二)自我评价的培训程序

学生会自然地把自我监控和自我评价当作学习过程的组成部分。学习者培训工作会将自我评价具体化,并且让学生明白其合理性。自我评价具体化意味着让学生理解自我评价是学习过程的一个组成部分,他们使用的自我评价技巧、采用的评价标准及其应用均可以通过这种方法得以改进。让学生明白自我评价的合理性,就是要让他们明白自我评价是一个有效而且有用的活动。

第八章　高校英语专业课程评价的创新探索

1. 训练对程度较差的学生进行评价

这种训练可以利用各种各样的材料。最保险的、最有用的就是学生过去的学习档案,也称作"固定不变的资料",学生可以把自己以前交际活动的录像与最近的录像资料或者现场学习活动情况进行比较,分析其中的差异也会有很好的效果。

另外一种办法是对程度较差的学生的学习档案资料进行评价,也可以让自我评价者来帮助程度较差的学生。这种方法更为大胆,但对两种学生都会很有好处。在以上方法中,分析存在的问题将使训练更为有效。为了进行对比,学生需要一个对照目录。学生为了一起设计对照目录,就得进行讨论,而这样的讨论非常有益。这一切其实都是非常好的学习机会。不过,这种活动要花大量时间才能完成。

2. 同伴相互评价

一种常见做法是互换试卷打分和互评小测,但是对学习者培训工作而言,这种做法意义不大。不过,让学生开展货真价实的互评活动,却可能对自我评价的培训工作很有帮助。然而,这是一个有风险的过程,教师必须确保课堂的动态环境适合使用这种方法。学生可以使用针对先前的学习活动所制订的评价表,或者制订新的评价表来详细说明评价交际活动的标准。

这么一来,学生就可以在观察班级角色扮演的活动中,运用这些标准来进行评价。通过制订这些标准和随后开展的讨论,将这些标准运用到评价其他学生的活动中,并证明运用这些标准进行评价的合理性,这样应该能够让学生对这些标准有清楚的认识,并且帮助学生理解如何将这些标准运用于自我评价活动中。[1]

3. 自我评价

学生开展自我评价的一种障碍是缺乏自信,认为自己无法进

---

[1] 戴小春.英语专业课程结构优化论[M].北京:北京理工大学出版社,2011:154.

行自我评价(尽管他们其实一直私下里以非正式的方式进行自我评价);另一个障碍是,他们没有意识到自我评价是一个非常合理的活动。因而,教学过程中两个重要的目标是:说明开展自我评价的合理性,让学生参与实践。为了实现这两个目标,教师可以经常给学生提供机会,让他们进行非正式的自我评价,并在适当的时候尽快给学生以反馈。其中包括使用一些简单的方法,如鼓励学生在口语活动中改正自己的错误(给他们足够的时间来进行这样的活动),并且帮助学生养成一种良好的学习习惯:完成书面作业后,对自己没有把握的表达方式或其他内容进行评论。

还可以采用一些较为正式的自我评价方法,例如,Clark 提出的学习记录卡(Clark,1987)。学习记录卡中列出的是与课本内容相关的一些短期目标,分"学生"和"教师"两栏。对学生的要求是:在"学生"栏中对自己认为能够进行的每一种语言活动打钩标示,一旦证明自己能够进行这样的活动之后,让教师在"教师"栏中相应的位置打钩做记号。所谓(初级水平的)"语言活动",可以包括如"表达自己听不懂并请求对方重复"和"在商店询问购买普通食品和饮料"等活动。

三、学生日志

学生日志(或日记)是大多数自主学习教学的主要特征,使学生和教师能追踪学生的学习过程。如果学生个体(或小组)可以在指定的任务范围内进行选择,甚至可以开展不同的项目活动,学生日志就显得非常重要。如果学生既不总在同一个小组中活动,也不总和固定的同学结对子,学生日志就显得更为重要。总的来说,教师们似乎认为,每个学生一学年中和越多同学合作越好。

日志的使用能鼓励学生对自己的学习进行反思,从而学会如何学教师从日志中可以看出学生对某些活动的态度,并及时了解学生所取得的进步。

第八章 高校英语专业课程评价的创新探索

（一）日志的格式

有时学生日志只不过是练习册，学生可以在里面定期做些记录。这种方式的缺陷是学生难以整合或者提取日志中的信息。如果能把日志保存在活页夹里，并加以分类，可能会产生更好的效果。在早期阶段，学生需要获得教师的帮助才会懂得如何在日志中突出重点，如何以正确的方式向自己提问题。教师给初学者和基础阶段的学习者提供现成的问卷和核对表不失为一个好主意。这种方式可以帮助学生把自己的想法组织起来，使他们能更容易地用目的语记日志。

学生最好主要用目的语记日志，或者只用目的语记日志。学生必须在使用目的语的过程中学习目的语，因此他们在讨论任务时必须用目的语。实际上，学生在描述自己对某些体育或休闲活动的感受时，不会觉得有任何困难。同样，他们在描述自己对某一任务或文本的态度，或者自己在语言学习某一方面的进步时，也并不觉得很难。如果说有点困难的话，那就是他们可能缺乏相关的目的语词汇。因此，关键在于必须向学生提供掌握相关词汇的机会，而日志写作正是一种机会。因为，在很大程度上，日志写作所需的词汇也正是许多课堂活动的必备词汇（例如，协调项目活动的组织和执行工作，或者和教师商讨如何选择家庭作业）。

教师必须和学生讨论学期或学年的学习目标，而且还要将这些目标写在日志的开头。由于学生很难根据笼统的目标来评价自己的进步，因此必须向学生提出主要技能（听、说、读、写）的具体要求。当然，学生可以根据自己的特别需要，对这些学习目标进行调整。

例如，一个中级学习者的写作目标可以包括：

能够详细描述一个过程（一个游戏怎么玩，一台机器或一个系统怎么运转，某件东西怎么制作等），目的是为了更容易理解事情发生的顺序、原因和过程。

能够写简历；

用适当的格式；

用适当的词汇和词组；

确保经过适当的检查和编辑,消除拼写和语法错误。

为了促进课堂活动的管理工作,可以给学生一张任务核对表,让学生在本学期内自行检查任务完成情况。例如:

第三学年。第二学期。听/说的技能。

主要任务:参加小组活动、编写并表演短剧(5至10分钟)

或者:参加小组活动、编写并录制广播节目(节目可以包括音乐,但必须至少有5分钟的谈话时间)

其他任务:

就本学期读过的一个话题向全班发表一个3分钟的讲演。

教师提出新话题,或者介绍一项新活动时,为自己小组做笔记,至少一次。

至少负责部分项目活动的计划工作。

用这个学期预留的磁带至少做四次理解。

其他需要检查的项目可以和学年的学习任务有关,可以包括语法和词汇等知识,但不包括具体任务。例如,词汇检查项目可以包括重要的话题范围。学生完成和某个话题有关的项目活动或任务,或者阅读完相关文本后,就可以在这个话题前的方括号中打钩。另外,教师可以要求学生对他们掌握的知识进行评价,如掌握了多少词汇。

也可以评价他们用这些词汇完成的任务:

我掌握的词汇足以完成2分钟有关这一话题的演讲。

我掌握的词汇足以写一份长达5段的话题报告。

除了评价学习目的、目标和任务外,日志还应评价学年中开展的所有项目活动和其他主要语言学习活动。还有,在最初阶段,教师要帮助学生在日志中关注重要的任务和活动,提供一套问卷题目,了解学生的态度(同意或反对)。教师还要向学生提供标准的评价方式,并要求学生在任务开展之前、过程中和结束时发表评论。这种评价方式也包括学生对自己成绩的评价（如果他们的学习任务得到评价的话）和对教师评语的评价。应当鼓励学生把每一个评价当作一次机会，不但要找出差距，还要构思一些新的学习目标，并在相关的检查表上做记号。

一份典型的学生日志可以包含以下四个部分：

（1）学期或学年的语言学习目标列表，以及四项技能中每一项的具体目标列表。

（2）所有学生在学期或学年内要完成的任务列表，学生开展独立阅读活动的记录。

（3）课堂活动日记，其中包括日常活动、家庭作业等的记录，以及对正在开展中的活动的评论。

（4）项目活动和其他主要任务的评价表。

日志可以安排在课内写，也可以布置成家庭作业，或者作为可供学生选择的家庭作业。

（二）评价和学生日志

日志不仅帮助学生进行自我评价，教师也可以根据日志来评价学生在自主学习方面所取得的进步。

教师可以对学生日志进行一般性评价：学生是否努力以适当的方式组织日志，是否经常增添新内容，是否自觉地完成所规定的任务等。然而，教师要每年一次或两次特别注意学生如何将他们在日志中发表的评论应用到实际任务中去。例如，可以采用以下方式：

（1）要求学生完成一项作业或者自选的简短项目活动。教师要求学生先回顾他们的日志，然后写出一份他们在计划任务（需要训练的技能，需要掌握的语法或词法知识，以及还未完成的任务等）时必须特别注意的事项列表（可标为表A）。接着，要求学生写出这项任务要达到的学习目标（可标为表B）。

（2）任务完成后，学生必须评价自己的工作，看看是否达到预定目标。然后学生根据任务的进展情况（或者他们意识到的问题),列出日志中需要修订的目标(可标为表 C)。

教师通过检查表 A、表 B、表 C 和任务(或者日志)的相关性,就能从以下角度评价学生的学习状况。

①目标对学生需求的合适度;

②从实现目标的角度来看任务的适合程度;

③学生对自己表现的自评是否恰当、准确。

这一评价过程可能要求教师承担许多工作,特别是如果教师决定检查学生日志的话。然而,评价工作可以错开,每次只安排一至二个学生小组开展活动。这项活动能为学生提供颇具价值的学习机会,因为它鼓励学生以系统的方式使用日志,反思学习目标以及实现目标的手段。

(三)计划和解决问题

教师也可以评价学生处理任务的方法,对教学要求的理解程度以及估计和容忍困难的程度。概括地说,也就是评价任务设计得好不好。从更小的程度上说,也可以评价学生在完成任务过程中监控进展的程度。

这种评价可以在项目活动的框架内进行(不管是个体、结对子还是小组活动),要求学生提交一份详细计划,作为项目准备工作的一部分,并对这份计划进行单独评价。在项目活动过程的几个阶段,要求学生报告最新进展情况。这些报告可以以书面或口头的形式提交,由教师根据学生对自己进步的自评进行评价。

另一种办法是,要求学生准备一份"如何完成任务"的列表,例如,"起草正式信函的要点""如何检查书写作业错误""如何阅读难度较高的文本",或者"如何准备讨论会中的口头发言"。学生提交列表,过了几天或一周,教师要求他们开始某项活动,并敦促他们在活动过程中还要提交粗略的工作进展报告和活动笔记。当然,活动完成后,他们还得提交最终报告。教师可以根据"如何完成任务"列表中的提示,评价学生对知识的掌握程度,还要根据学生的活动进展状况和实际表现,评价他们对知识的应用

第八章　高校英语专业课程评价的创新探索

程度。

让学生在评价过程中享有一定程度的决定权。虽然教师对制订评价标准和给学生打分有最终决定权，但是在评价过程中师生之间仍然有协商的余地。

例如，教师有时可以和学生商量某项任务的评价标准，然后再根据达成共识的标准来给学生评成绩。这种做法很有价值，因为学生通过对评价标准的讨论，能更好地理解评价是基于什么标准，以及评价的基本原理。换句话说，就是理解对他们的要求以及为什么如此要求。还有一种办法能帮助学生发展自我评价技能：教师可以给学生一张空白成绩单，要求他们根据每一项标准评价自己的工作，而后教师在学生所写的分数和评价旁边写下自己的分数和评价。

评价的目的是为了促进教学，不是为了编班或评成绩，因此评价标准要有针对性，才能有效地帮助学生。例如，在写作教学中，一些学生在单词拼写和语法方面有优势，针对他们的评价标准就要强调写作风格；一些学生的语言知识较弱，针对他们的评价标准就要强调单词拼写和语法知识。

同样，教师可以和学生一起讨论评价标准，帮助他们制订实事求是的目标。这一点对学习成绩差的学生来说尤其重要，因为他们一直没能达到预定目标，不知道该如何做才能成功，所以很难获得成就型动机。例如，在教师的帮助下，一些学生可以发现自己哪些任务能完成得最好，就可以针对这些任务定出相应的标准。对每个学生来说，无论完成的是什么任务，只要能尽最大努力发挥自己的能力，就可以得到满分的结论。

正如一些学者所指出的那样，促进自主学习可能是一个漫长而艰难的过程，尤其对教师而言。教师很难"放手"让学生自己去学，很难对学生相信到允许他们"掌控"自己的学习。但即使有风险，这些风险都值得去尝试，因为潜在的回报实在相当大。强调自主学习并不一定会导致忽略语言学习的内容和方向，或者对实现学习目标采取比较不负责任的态度。教师并不是在推卸责任,而是和学生分享责任。这种教学方式能增强学生的自信心,使他们能以更有效的方式进行学习。同样,在这一过程中,教师也会变得更加自信,从而开展更有效的教学活动。

四、信息化教学评价

(一)信息化教学评价的理念

随着教学评价研究的进展,当前的学习评价在理论和方法上都已呈现出多元化的趋势。各种学习评价新理念,如发展性评价、真实性评价、多元化评价动态性评价、后现代主义评价等越来越受到关注。

1. 发展性评价理念

发展性评价由形成性评价发展而来,它是根据一定的教学目标,运用适当的技术和方法,对学生的发展进程进行评价解释,以使学生在学习过程中能不断认识自我、发展自我和完善自我的评价活动。该理论认为,教学评价要尊重和体现个体差异,以便激发学生的主体精神,促进每个个体最大可能地实现自身价值;评价是与教学过程持续并行而且同等重要的过程,它贯穿于教学活动的每一个环节,是教学活动的有机组成部分,其目标是为了促进学生发展,而并不仅是为了检查学生的表现。因此,发展性评价更加强调以人为本的思想,重视通过评价来发现人的价值,发掘人的潜能,发展人的个性、发挥人的力量。

2. 真实性评价理念

真实性评价(Authentic Assessment)是20世纪80年代末在美国兴起的一种新型评价方式,它要求学生运用所学的知识和技能去完成真实世界或模拟真实世界中一件很有意义的任务,并试图用接近"真实生活"的方式来评价学习的成就水平,任务完成的绩效主要通过依据学业标准制订的评价量规来进行评定。真实性评价是对标准化评价方式的有效补充,根据实际需要,教

第八章 高校英语专业课程评价的创新探索

师可以在教学过程中交替使用这两种方式开展学习评价。目前，真实性评价已逐渐从教学评价的边缘走向中心，并成为信息化教学评价的重要理念和方式。

3. 多元评价理念

现代智力研究成果认为，学习能力是多方面的，不同的学生可能擅长以不同的智力方式学习，其知识表征与学习方式有许多不同的形态；学生在意义建构活动中表现出来的并不是单一维度的能力反映，而是多维度能力的综合体现。因此，应该通过多种评价手段来衡量不同的学生，应该针对学习的不同维度综合评价，以便全面反映学生的学习状况和学习成果，并给学生以多元化、弹性化、人性化的发展空间。

4. 动态评价理念

动态评价理论源于苏联著名心理学家维果斯基的社会发展认知理论。相对于传统评价只提供学生在单一时间点上的测验表现或成就信息的相对静态化评价来说，动态评价能够统整教学与评价过程，它兼顾过程与结果，兼顾社会介入与个别差异，并通过师生间的双向沟通与互动关系，同时考查认知潜能和学习迁移能力，因此，可以评价与预测学生最佳的发展水准。

（二）信息化教学评价的方法

信息化学习环境既为学习者提供了丰富的资源、技术和活动平台，同时为评价创新提供了技术支持。信息化教学评价关注学习过程，强调评价的多元化。除传统的评价外，电子评价系统电子学档的评价、表现性评价、概念图评价等都是信息化教学常用的评价方式。

1. 电子评价系统

一个完整的电子评价系统，实际上就是将计算机应用于传统的测验全过程。其工作流程包括题库建设与管理、智能组卷、考试、评卷、试题分析(包括试卷、试题和学生分析)等环节。试题分析的结果,一方面对下一轮的教学提供参考;另一方面要对原题库不合适的内容进行修改、增加、删除等调整工作,从而构成一个循环过程。

(1)题库建立和维护

题库是按一定的教育测量理论,在计算机系统中实现的某门课程试题资源的集合。当前,题库既可以在独立计算机系统中实现,也可借助网络技术形成网络题库。一个题量充分且经过精心组织的试题库是整个系统的基础,它决定了系统可能考试的科目和题型,还包含考试的全部试题及试题的所有相关属性(如知识点、分数、题干、选项、答案、难度系数、区分度系数、知识点等)。因此,在电子评价系统中,题库一般要事先建立,而且要能根据实际需要对题库中的试题进行添加编辑、删除和查询等。

(2)智能组卷

首先根据评价目的,教师通过浏览器输入相应的组卷参数(如题目数量、总分、平均难度、平均区分度、参加考试的学生等),然后系统按一定的组卷策略自动从试题库中抽出相应试题,组成符合要求的试卷。另外,为保证所选试题能满足教师的特殊需要,电子评价系统还应支持教师的手工组卷,即教师逐个选择所需题目,组成试卷。

(3)评价过程控制

评价过程控制主要是完成对电子评价过程的控制,如远程实时监控,在需要时锁定系统、不允许学生进行与评价无关的浏览、控制评价时间、到时自动交卷等。

(4)试卷评阅

阅卷评分分为自动阅卷评分和人工阅卷评分,自动阅卷评分是针对客观题,如选择题、填空题、判断题等,学生完成考试后,由系统自动评分并将分数记录到数据库中;人工阅卷评分是针对主观题,如名词解释、简答题、论述题等,学生结束考试后,由教师在线阅卷评分,并记录到数据库中,再将客观题分数和主观题分

第八章　高校英语专业课程评价的创新探索

数相加作为学生的总分记录到数据库中。

（5）评价结果分析

评价结果分析包括各学生成绩分析、所组试卷分析和题库中各试题的分析等。其中，学生分析是针对某个学生在某门课程的各次考试成绩进行的分析，包括其总得分，各题型得分、本次考试的平均分等；试卷分析是针对每一份试卷进行的，包括每份试卷的平均分、最高分最低分得分分布情况、整份试卷的信度和效度分析等；每一试题的分析则包括使用次数、答对人数、实测难度、实测区分度等。

（6）学生成绩和分析结果的报告

电子评价系统一般能对客观题测验进行自动评阅，并实现对答题情况的即时反馈。而对于主观题，则是先提供即时的参考答案，待教师评阅完成后再给予具体答题情况和得分的反馈。

2. 表现性评价

（1）表现性评价的内涵

表现性评价既可以评价学生在完成表现任务过程中所表现的行为与心理过程，也可以评价表现性任务中所涉及的内容和完成任务的结果。其核心在于被评价者所执行的表现性任务与评价目标的高度一致性。它不仅将综合思考和问题解决联系起来，而且还让学生在合作中解决真实性或与现实生活相类似的问题，从而使教学更具有现实意义。比如，要评价学生的计算机应用方面的某一能力，就应该让学生利用计算机来完成相应的设计或实践任务，在任务完成过程中观察学生的各种表现和结果，而不是让学生在试卷上回答操作步骤、程序方法等。作为一种新型评价方式，表现性评价与传统测验的区别主要体现在任务真实性、复杂性、所需时间和评分主观性等方面。

（2）表现性评价的应用设计

①明确评价目标和标准

首先要根据课程标准和教学内容来构建评价目标和标准。

所确立的评价标准要明确、简洁和可操作,而且还要尽量让每个学生都熟悉并能正确理解目标要求和标准量规。

②选择评价重点

按评价的重点不同,表现性评价可分为侧重过程和侧重作品两种。一般来说,如果表现性任务没有作品要求或者对作品进行评价不可行时,主要侧重对学习过程开展评价,如难以评价作品或评价作品的成本和代价过高。操作过程具有一定的顺序并可直接进行观察,正确的过程或操作步骤对后续学习或活动的成功至关重要,对过程的分析有助于提高结果的质量等。同样,在某些表现性任务中如果对结果具有明确要求,而且结果比过程更值得关注时,通常以学习作品作为评价重点。

③设置表现性任务

表现性任务的选择对学生应具有一定的新颖性和挑战性。要选择那些学生比较熟悉的生活情境或现实问题,以便要求学生在具体情境中综合运用他们所习得的知识和技能。任务设计不仅要对学习目标、评价标准任务结果、建议策略等作出具体说明,而且还要明确完成任务的时间要求与支持条件。另外,任务设计必须切实可行,要保证学生能有足够的时间、空间材料和其他资源完成任务,而且为完成任务所需的知识和技能都能在学习过程中获得。至于任务数目的多少,则主要取决于评价的范围大小、目标的复杂程度,以及完成每项任务所需的时间和可用的资源等因素。

④收集信息资料

在日常教学中对学生的观察往往并不系统,而且缺乏对观察结果的正规记录。因此,难以为评价学生的复杂表现提供全面、客观的信息。表现性评价是在具体的任务情境下来观察和记录学生的表现和结果,它通常需要使用行为检核表或评价量规表等观察并记录学习过程的系统化信息,并且与日常教学中的非结构化观察有机结合,以保证既能收集到与评价目标直接相关的信息,也能收集其他有价值的信息和资料。另外,必须正确定位教

第八章 高校英语专业课程评价的创新探索

师在表现性评价中的角色。教师在表现性评价活动中不再只是"权威",而且更应成为学习评价活动的促进者、指导者、管理者及任务开发者。

⑤形成评价结论

在形成评价结论时,应参考多种评价资料,从多维度、多层次对学生的表现进行综合评价;定量评价和定性评价相结合,既要关注学习过程,也要关注学习结果。表现性评价鼓励学生本人参与评价过程,将个人自我评价与小组相互评价相结合,以促进学生的自我反思和提高。

根据学生的表现,参照评价目标和标准,结合学生自身的因素和环境因素,以发展的观点指出学生的优势和不足,并提出有针对性的改进建议。作为教师,应当从表现性评价中认识到教学已经取得的成果和存在的不足,不断改进教学。

（3）评价实施及判分建议

如果时间允许,可以让学生实际开展研究和有关技术实践,并针对学生在不同阶段和不同环节上的表现进行评判;也可以通过纸笔评价方式,要求学生制订详细的研究计划,并对计划考查的各环节的技术操作进行详细解释。

对于学生的实际操作,可根据学生在不同阶段和不同环节上的实际表现依次制订评价标准并判分,最后累计学生在不同阶段和不同环节上的表现得出总分:首先,判断学生是否"会发邮件且会提交附件";其次,针对其提交的研究计划、研究报告和幻灯片分别制订评价标准并分别判分;最后,根据学生在上述方面的表现,测查学生在"信息搜索""信息评价与甄别""利用文字处理软件撰写研究报告""制作演示文稿"等方面的能力。

如果希望考查学生活动过程的质量,可以围绕学生在活动过程中的规划意识和规划能力、信息技术应用水平（包括信息作品创作过程中的个性和创造性）、学习态度和参与意识、投入程度、交流能力与合作精神、问题解决能力等制订面向活动过程的评价指标。

3. 教学评价量规

（1）评价量规的内涵

量规作为一种学习评价工具，是用于评价、指导/管控和改善学习行为而设计的一套评价标准。它通常表现为二维表格的评分细则形式，并为学习过程、学习作品或其他学习成果（如一篇文章的观点组织、细节、表达等）列出具体的评价细则和标准要求，明确描述了每个准则从优到差不同水平的等级得分。从量规的功能形式使用方法等方面来综合理解，可以将学习评价量规界定为：根据教学目标要求从多个维度对评价标准和等级划分进行具体描述的说明性工具。

在信息化教学评价中，量规可广泛用来评价学生在学习过程中的认知过程、行为表现、问题解决能力、学生作品或学习成果以及情感态度和价值观等。其教学应用意义主要表现为三个方面。

量规依据教学目标要求从多方面详细规定相应的学习评价指标，它基本定义了什么是高质量的学习，可以有效降低评价的主观性和随意性；教师依据它评定学生学习过程和结果，学生也可以参照量规开展学习自评或同伴互评。

量规可以向学生清晰描述教师的期望，并能向学生说明怎样才能达到这些期望。当学生利用量规来评价自己的学习活动和作品时，他们会对自己的学习更具有责任感，有效地减少了学习的盲目性。

量规运用可以大大提高评价效率，并使教师更容易向学生解释为什么获得某个等级分以及怎样做才能获得提高等。通过参照学习评价量规，学生也可以获得更多关于自我学习过程的反馈信息。

（2）评价量规的设计

随着信息化教学的发展，越来越多的教育工作者开始了解并熟悉评价量规，并已经开发了许多可供直接使用的量规资源，如《信息化教学——量规实用工具》一书中就提供了信息化教学评

第八章 高校英语专业课程评价的创新探索

价的实用量规集锦。但为了更好地反映课程和教学的特点,教师仍需要经常自己设计学习评价量规。

①评价量规的设计原则

一致性与科学性原则。量规要与教学目标或学习目标保持一致,而不应游离于目标之外。量规设计要讲究科学性,必须符合信息化教学的原则和理念,不能仅凭已有经验进行开发。

系统性原则。量规体系应具有整体性、联系性和层次性,要能对评价对象进行全面的衡量。当评价对象处于更大的系统中时,应注意它与周围情境的纵横联系。

开放性原则。信息化学习包含诸多因素,内容复杂,不可能用一成不变的量规体系来框定。因此,量规体系必须是开放性的,评价者在教学过程中不仅可以灵活使用,而且通过相互借鉴还可以使评价量规不断得到修正、充实和完善。

独立性与实用性原则。各量规项之间并不兼容,每个量规指标都独立提供评价信息,不能有重叠关系。量规设计要切合实际,既要保证提供足够的评价信息,又要考虑人、物、财力、时间等应用条件。

②评价量规的设计步骤

其一,量规设计应遵循的步骤。为了使评价量规能更好地体现教学目标并发挥其评价作用,量规设计一般应遵循以下步骤。

分解学习目标,初定量规框架。学习目标可以被分解为若干层次,每个层次又可分解为若干不同部分或组成要素,可以根据获得的若干末级指标设计初步的量规体系框架。

指标归类合并,确定量规体系。末级指标之间可能会有一定的功能交叠,照此组成的量规体系也会出现内涵重复现象。因此,应对初定的量规框架进行加工整理并简化提炼,删减重复条目并归类合并,再确立出具体的量规体系结构层次和功能作用。

具体描述指标,确定量规赋值。对各具体目标的评价量规进行描述时,要根据目标要求写出期望达到的评语或要求,同时把量规分为若干等级,每个等级赋予权重分值,评价者根据学习期望或目标要求逐级进行学习评定。量规权重不仅表明了量规体系内各因素的相对重要程度，而且确定了各因素之间及量规和结果之间的关系，使评价结论能比较客观地反映被评价对象的全貌。

试用并修订量规。通过学生自评、互评和教师应用来试用已经设计完成的量规，对量规体系或指标权重提出意见，以便对量规设计进行修订和完善。

其二，量规设计应注意的问题。设计良好的学习评价量规，除了要遵循量规设计原则和步骤外，还应注意以下问题。

让学生参与量规的设计。量规设计过程中的一个重要方面，就是把量规制订作为学习过程的一部分，尽量让学习者参与量规的设计，并通过和学生讨论制订有关学习量规，有助于学习者把标准和量规内化，使学习者更清楚整个学习过程和所要达到的目标。

用具体的、可操作性的描述语言清楚地说明量规中的每一部分。在对量规进行解释时，应使用具体的可操作性描述语言，而避免使用抽象的概括性语言，同时还应避免使用不清楚或消极语言等。

参考文献

[1][美]Peter Chin, Samuel Reid, Sean Wray, Yoko Yamazaki 著. 外教社英语类专业核心课程系列 写作教程 2 学生用书 [M]. 上海：上海外语教育出版社, 2017.

[2][英]詹姆斯·奥迪里高尔等编. 外教社英语类专业文化方向课程系列 英国社会与文化 练习册 [M]. 上海：上海外语教育出版社, 2017.

[3]陈仕清. 英语新课程, 理论与实践 [M]. 上海：上海教育出版社, 2006.

[4]戴小春. 英语专业课程结构优化论 [M]. 北京：北京理工大学出版社, 2011.

[5]黄文源. 英语新课程教学模式与教学策略 [M]. 上海：上海教育出版社, 2004.

[6]教育部高等教育自学考试办公室编. 英语专业课程考试说明 [M]. 北京：中央广播电视大学出版社, 1996.

[7]李美霞著. 高校英语专业技能课程与思辨能力培养研究 [M]. 北京：世界图书出版公司北京公司, 2016.

[8]梁虹. 高校专业英语教育改革研究 [M]. 西安：陕西师范大学出版社, 2016.

[9]刘小娟著. 职前英语教师的专业课程观研究 [M]. 西安：陕西师范大学出版总社有限公司, 2020.

[10]沈冬梅. 高中英语课程与教学研究 [M]. 上海：上海教育出版社, 2009.

[11]王俊菊, 黄泽萍编. 外教社英语类专业核心课程系列 学

术英语写作[M].上海：上海外语教育出版社,2017.

[12]杨献军,陈叔力.高级英语教学研究[M].哈尔滨：哈尔滨地地图出版社,2008.

[13]张佳琛.英语专业课程标准1[M].北京：北京理工大学出版社,2017.

[14]周玉忠.英语专业课程学习指南[M].银川：宁夏人民教育出版社,2013.

[15]资谷生著.英语专业"高级英语"课程教与学之评价[M].北京：中国书籍出版社,2016.

[16]曹培.独立学院英语专业英美文学课程教学优化策略研究[J].黑龙江教育学院学报,2019,38（04）：142-144.

[17]陈碧梅,梁乐儿,陈仕君.浅析精读课模式下英语专业学生思辨缺席症[J].海外英语,2018（07）：35-37.

[18]陈丽君.高校英语专业翻译理论与实践课程教学思考[J].学园,2018,11（14）：45-46.

[19]程晓堂.《国标》背景下英语专业英语教育方向课程设置参考框架[J].中国外语,2021,18（03）：16-23.

[20]崔永光,韩春侠.英语专业实施"课程思政"教学改革的可行性分析与实践研究——以专业核心课程"英语精读Ⅲ"为例[J].外语教育研究,2019,7（02）：19-24.

[21]德庆卓玛.高校英语专业学生创新创业能力培养问题及对策[J].科技创业月刊,2019,32（05）：89-91.

[22]邓玉华.高校英语专业课程思政的必要性和实施路径研究[J].海外英语,2021（09）：19-20+24.

[23]董君,戚艳丽.基于需求分析的教学研究型理工类高校非英语专业研究生公共英语课程目标设计有效性研究[J].内蒙古师范大学学报（教育科学版）,2019,32（04）：89-93.

[24]封杰.高校英语思辨性技能课程教学探索——以英语专业阅读、写作课程为例[J].旅游纵览（下半月）,2019（06）：208-209.

[25] 付瑶. 海南高校非英语专业大学英语选修课程体系创建研究 [J]. 教育现代化, 2019, 6（37）: 168-171.

[26] 郭萱仪. 提升高校英语专业就业核心竞争力的对策探赜 [J]. 成才之路, 2018（10）: 6-7.

[27] 洪佳兰. 高校"综合英语"课程思政教育融入研究 [J]. 广东轻工职业技术学院学报, 2021, 20（02）: 15-18.

[28] 胡春春. 课程思政在高校英语教学中的融入路径探究 [J]. 校园英语, 2021（13）: 41-42.

[29] 胡江萍, 任洲兵. 课程思政视域下的大学英语教师专业发展 [J]. 南京广播电视大学学报, 2021（01）: 9-13.

[30] 胡荣华, 顾倩. 应用型本科高校英语专业选修课改革与建设——以贵州工程应用技术学院为例 [J]. 贵州工程应用技术学院学报, 2018, 36（02）: 115-121.

[31] 胡晓榕, 王洋, 鲁团花. CBI教学理念下的地方高校英语专业阅读教学探讨 [J]. 内江科技, 2018, 39（04）: 151+150.

[32] 黄一臻. 应用型高校英语专业"以输出为驱动"阅读教学模式的探索与实践 [J]. 智库时代, 2019（11）: 270-271.

[33] 焦丹. SPOC翻转课堂在高校英语专业议论文写作中的应用研究 [J]. 语言教育, 2021, 9（02）: 28-33.

[34] 李翠亭. 高校英语专业课程与意识形态教育融合并重的教学模式研究 [J]. 产业与科技论坛, 2019, 18（07）: 144-145.

[35] 李华华. 创新驱动背景下地方高校英语教学专业化发展初探 [J]. 现代农村科技, 2018（06）: 75.

[36] 刘子敏. 高校英语专业翻译课程混合式教学模式研究 [J]. 吉林农业科技学院学报, 2021, 30（02）: 102-105.

[37] 柳景荣. 基于复合型人才培养的高校英语专业ESP课程建设研究 [J]. 海外英语, 2021（05）: 24-25+31.

[38] 陆影. "互联网+"背景下高校英语专业词汇教学研究与实践 [J]. 校园英语, 2019（18）: 4-6.

[39] 吕梦君. 机辅语言学习课程中高校英语专业新生信念

变化研究 [D]. 苏州大学, 2018.

[40] 欧思佳. 高校英语专业课程思政实践路径研究 [J]. 吉林农业科技学院学报, 2021, 30（03）: 122-124.

[41] 潘冬. 融入思政元素打造高校英语专业课程混合式"金课"[J]. 卫生职业教育, 2021, 39（06）: 30-33.

[42] 尚静雅. "一带一路"背景下的高校英语专业课程建设初探——以《商务英语》课程为例 [J]. 高教学刊, 2021, 7（12）: 26-29.

[43] 宋晓茹, 陈妍, 徐婕. 在民办高校英美文学课程中增加儿童文学比重的必要性和可行性 [J]. 文教资料, 2018（11）: 39-40+81.

[44] 孙雪艳, 邓瑶. 泛在学习环境下大学生使用三类网络课程资源学习情况研究——以徐州地区高校英语专业大学生为例 [J]. 英语广场, 2018（05）: 116-117.

[45] 索宇环, 都岚岚. 多模态教学与英语文学课堂的实效性 [J]. 当代外语研究, 2018（03）: 23-27+108.

[46] 陶丽. 民办高校英语专业阅读课程的实践与探索 [J]. 校园英语, 2018（24）: 24.

[47] 王红艾. 高校英语专业翻译教学课程思政建设研究 [J]. 现代农村科技, 2021（05）: 95-96.

[48] 王晓利, 达布希拉图. 国家标准指导下英语专业课程教学模式创新与改革研究——评《高校英语课程改革与发展研究》[J]. 高教探索, 2018（04）: 134.

[49] 王雪玉, 张馨. 高校英语专业实践教学课程思政体系构建研究 [J]. 英语教师, 2021, 21（08）: 13-16.

[50] 韦建华. 加强英语专业课程改革, 培养学生实践运用能力 [J]. 大学教育, 2019（05）: 116-118.

[51] 吴坤. 高校英语专业课程思政实施途径探究——以"笔译理论与实践"为例 [J]. 文教资料, 2021（09）: 112-113.

[52] 吴炎. 高校英语专业综合英语课程教学改革 [J]. 经贸实

践,2018（12）：335+337.

[53] 肖仕琼. 高校英语专业 CBI 课程教师教学能力的实证研究 [J]. 昌吉学院学报,2019（02）：98-101.

[54] 肖仕琼. 高校英语专业 CBI 课程教师自我效能感研究 [J]. 闽南师范大学学报（哲学社会科学版）,2019,33（01）：102-106.

[55] 谢德静. 高校英语专业课程教学的文体学途径 [J]. 理论观察,2018（04）：174-176.

[56] 张洪,王小娟,邵榕榕,李改梅,马宏伟. 天津自贸试验区发展背景下天津高校英语专业课程设置对比研究 [J]. 赤峰学院学报（汉文哲学社会科学版）,2019,40（03）：148-152.

[57] 张丽丽,马祥. 高校英语专业语言学课程教学的思考与策略 [J]. 发明与创新（职业教育）,2021（08）：113+99.

[58] 张洋睿,杨渊艺,卓玲. 应用型高校英语专业中国文化课程教学探究 [J]. 校园英语,2018（27）：55-56.

[59] 张烨炜,牟雅韬. "互联网+"视域下高校英语专业翻译类课程教学模式的探索 [J]. 信息记录材料,2018,19（07）：185-187.

[60] 赵瑞平. 项目式学习模式驱动下的高校英语专业思辨能力培养研究——以《基础英语》课程为例 [J]. 吕梁学院学报,2021,11（03）：88-93.

[61] 赵欣. 高校英语专业《学术论文写作》课程教学改革探析 [J]. 佳木斯职业学院学报,2019（05）：119-120.

[62] 赵好. 文化自信视角下中国茶文化在高校英语专业课程体系中的内涵研究 [J]. 福建茶叶,2018,40（06）：361.

[63] 周冠琼. "讲好中国抗疫故事"语境下高校英语专业课程思政建设探索 [J]. 华北水利水电大学学报（社会科学版）,2021,37（02）：54-57.

[64] 朱诗惠. 高校英语语言学课程教学模式探析——兼论"四位一体"教学法 [J]. 智库时代,2019（18）：91+94.

[65] 邹积会,王忠民.高校英语专业综合英语课程群的建构[J].校园英语,2019（19）:12-13.

[66] 邹积会.高校英语师范专业课程体系的重构[J].文化创新比较研究,2018,2（13）:89-90.

[67] 祖大庆,刘婷婷.新国标视野下理工科高校英语专业课程体系建设研究[J].煤炭高等教育,2021,39（03）:127-132.